Paula Honkanen-Schoberth

Starke Kinder brauchen starke Eltern

Der Elternkurs des Deutschen Kinderschutzbundes

Ravensburger Ratgeber im Urania Verlag

In Zusammenarbeit mit dem Deutschen Kinderschutzbund (DKSB) bereits erschienen:
Die Bücher mit dem Gütesiegel
Heike Baum: Papa, spiel mit mir!, ISBN 3-332-01135-9
Heike Baum: Das richtige Spielzeug für die ersten 5 Jahre, ISBN 3-332-01249-5
Ute Diehl, Karl Diehl: Die beste Betreuung für mein Kind, ISBN 3-332-01134-0
Helga Gürtler: Regeln finden ohne Tränen, ISBN 3-332-01310-6
Simone Harland: Messer, Gabel, Schere, Licht ..., Gefahren für Kinder erkennen und vermeiden. ISBN 3-332-01095-6
Dr. Christine Kaniak-Urban, Katharina Schlamp: Mit Spaß und Erfolg durch die Grundschule, ISBN 3-332-01193-6
Prof. Dr. Barbara Lorinser: Liebe Kinder – böse Nachbarn? Streit vermeiden, Rechtslage klären, ISBN 3-332-01194-4
Prof. Dr. Barbara Lorinser: So helfe ich unserem Kind durch die Scheidung, ISBN 3-332-01093-X

Die Autorin: Paula Honkanen-Schoberth hat Erziehungswissenschaften, Psychologie und Soziologie studiert und ist ausgebildete Familientherapeutin. Sie ist Vorstandsmitglied der Bundesarbeitsgemeinschaft der Kinderschutzzentren. Als Geschäftsführerin des Aachener Ortsverbands des DKSB wirkte sie federführend beim Ausarbeiten des Elternkurs-Konzepts und -Programms „Starke Eltern – starke Kinder" mit.

Die Deutsche Bibliothek – CIP-Einheitsaufnahme
Ein Titeldatensatz für diese Publikation ist bei Der Deutschen Bibliothek erhältlich

Die Verwertung der Texte und Bilder, auch auszugsweise, ist ohne Zustimmung des Verlags urheberrechtswidrig und strafbar. Dies gilt auch für Vervielfältigungen, Übersetzungen, Mikroverfilmungen und für die Verarbeitung mit elektronischen Systemen.

Die Ratschläge in diesem Buch sind von Herausgeber und Verlag sorgfältig erwogen und geprüft, dennoch kann eine Garantie nicht übernommen werden. Eine Haftung des Herausgebers bzw. des Verlags und seiner Beauftragten für Personen-, Sach- und Vermögensschäden ist ausgeschlossen.

www.dornier-verlage.de
www.urania-ravensburger.de

1. Auflage August 2002
© Urania Verlag Berlin
Der Urania Verlag ist ein Unternehmen der Verlagsgruppe Dornier.

Umschlaggestaltung: Behrend & Buchholz, Hamburg
Titelfoto: zefa, A. Inden
Redaktion: Jürgen Spiegel, Berlin
Satz: Thoms Buchdesign, Berlin
Druck: Westermann Druck Zwickau
Printed in Germany

ISBN 3-332-01346-7

Inhalt

Einleitung 9

**Welche Wertvorstellungen und
Erziehungsziele habe ich?** 13

   Warum will ich Kinder haben? 14
   Erziehungsstile 15
   Gesetze und Wissenschaft – die neuen Ziel- und
   Wertlieferanten für die Erziehung? 17
   UN-Konvention über die Rechte des Kindes 18
   § 1631 BGB, Absatz 2 20
   Vielfältige Wertvorstellungen und Erziehungsziele
   oder: Das Spiel mit den passenden Hüten 23
   Unterschiedliche Werte oder: Alles unter einem Dach 25
   Welche Wertvorstellungen und
   Erziehungsziele habe ich? 27
   Was ist für mich wichtig? oder: Der Besuch der
   Schwiegereltern 28
   Wie können wir unsere Werte den Kindern
   vermitteln? 30
   Vermittlung der Werte, indem man sie vorlebt
   und Vorbild ist 31
   Aufgaben 32

**Wie kann ich das Selbstwertgefühl
des Kindes stärken?** 33

   Warum ist dieses Motto so wichtig? 34
   Stärkung des Selbstwertgefühls der Kinder 35
   Bedürfnisse der Eltern – Bedürfnisse der Kinder 36
   Liebe, Annahme, Vertrauen als Grundlagen fürs
   Selbstwertgefühl 37
   Feedback und Feedbackregeln 40
   Sieben wichtige Feedbackregeln 41

Beispiele zu den sieben Feedbackregeln 41
Aufgaben................................... 52
   Fragebogen zu unserer Selbsteinschätzung....... 52
   Wie sieht das Feedback bei Ihnen aus? 54

**Wie kann ich meinem Kind helfen,
wenn es Probleme hat?** 55
   Was brauchen wir Eltern, um die Kinder
   unterstützen zu können? 57
   Wie reagieren wir, wenn das Kind Probleme hat?.... 58
   Sieben typische Reaktionsweisen 59
      Beispiel I („Ich gehe nie wieder in die Schule").... 59
   Einfühlsam, aktiv zuhören und gemeinsam
   nach Lösungen suchen 64
   Weitere Beispiele typischer Situationen und die
   erwähnten typischen elterlichen Reaktionsweisen .. 66
      Noch einmal Beispiel I
      („Ich gehe nie wieder in die Schule") 66
      Beispiel II
      („Die Kinder wollen nicht mit mir spielen")....... 71
   Aufgabe: Einfühlsames, aktives Zuhören 74

**Was mache ich, wenn ich Probleme habe
oder: Wie drücke ich meine Bedürfnisse aus?** 75
   Die Bedürfnisse der Eltern 76
   Reaktionen, wenn meine Bedürfnisse nicht
   befriedigt werden............................ 77
      „Ich krieg zu viel!" 77
      „Ich werde ausgesaugt!" 78
      „Ich bin einfach nur müde!" 79
      „Ich kann nur noch aus der Haut fahren!" 80
   Die Wuttreppe 81
   Reaktion der Kinder auf Frust und Wut der Eltern ... 82

Was hilft, wo können wir Eltern ansetzen? 83
    Kräfte auftanken 83
    Pflege der Beziehung. 84
Wie sollen wir Eltern unsere Bedürfnisse
ausdrücken? oder: Die Eingleisigkeit von
Gedanken, Gefühlen und Worten. 86
Beispiele für Aufrichtigkeit. 87
    Sallys Zupfen am Rockzipfel oder:
    Die Entlastung von Schuld 88
Ich-Botschaften 90
Das Ergebnis beim Verwenden von Ich-Botschaften. . 90
Ein Beispiel für eine Ich-Botschaft oder:
Ein typisches Familienmärchen. 92
Aufgaben für die Eltern. 94
    Kontrolle der Wut 94
    Verwenden von Ich-Botschaften 94

Wie lösen wir Konflikte in der Familie? 95
Probleme und Konflikte als Teil des Lebens 96
Um wessen Problem handelt es sich? 97
Probleme auf der Paarebene oder:
Wenn Eltern Streit haben 99
Kinder haben Probleme untereinander 100
Geschwisterstreit oder: Die „Lust am Kämpfen" 101
Probleme in der Familie, die alle angehen 102
Techniken der Konfliktlösung 103
Schritte zur Konfliktlösung. 104
Beteiligung der Kinder oder:
Wie lösen wir gemeinsam das Problem? 106
Phasen der Konfliktlösung.
Eine Kurzversion zwischen Tür und Angel 107
Zusätzliche Hilfestellungen bei der Konfliktlösung . . 108

Beruhigung und Trost oder:
Die Kraft des lauten Denkens 112
Wenn Werte aufeinander prallen oder:
Ist man irgendwann mit der Problemlösung
in einer Sackgasse? 113
Grenzen setzen. 116
Respekt zeigen und Nein sagen 116
Strafen 118
Mögliche Folgen einer bestimmenden
und strafenden Erziehungshaltung 119
    Gewalt erzeugt Gegengewalt 119
    Strafe schafft Distanz 120
    Strafe schwächt die Kinder 120
    Mut, Gelassenheit und Humor oder:
    Was kann helfen? 121

Anhang 122
    Übereinkommen über die Rechte des Kindes
    (UN-Kinderkonvention), Artikel 12–17 122
    Adressen, die weiterhelfen 125
        Elterntelefon. 125
        Adressen des Bundesverbandes und der Landes-
        verbände des Deutschen Kinderschutzbundes
        (DKSB). 125
        Adressen der Kinderschutzzentren 126

Einleitung

Warum schreibe ich dieses Buch?
Ich schreibe dieses Buch, weil uns Eltern das Leben mit einem Kind einerseits die schönsten Momente, die es gibt, eröffnen kann, aber andererseits uns genauso Augenblicke der tiefsten Verzweiflung bringt. Nur eins ist sicher, unsere Kinder lassen uns nicht „in Ruhe". Ob wir es wollen oder nicht, wir bleiben meist noch über die Erziehungszeit hinaus an sie „gebunden".

Und dann erleben wir in der Elternrolle, dass wir auch Kinder unserer Eltern sind, wir sind ein Elternteil und ein Kind zugleich. Wir werden selber erzogen, während wir erziehen, in einem wechselweisen, ambivalenten Prozess des Sich-weiter-Entwickelns und des Reifens, so könnte man meinen – so sollte man hoffen?!

Kinder brauchen Grenzen – sagt man. Ich sage: auch wir Eltern. Kinder überschreiten sie – Eltern auch. Das Wachsen, das Sich-weiter-Entwickeln, die Auseinandersetzungen bescheren uns Grenzerfahrungen. Sie führen manchmal zu Tänzen am Rande des Abgrunds. Es ist ratsam, sich darauf gefasst zu machen, sich gedanklich vorzubereiten. So lässt sich vielleicht mancher Sturz, wenn nicht verhindern, dann doch hoffentlich etwas abfedern.

Und ich schreibe dieses Buch nicht zuletzt, weil ich Mutter und Fachfrau bin, „Expertin", wie viele sagen. Ich habe Erziehungswissenschaften studiert, habe das menschliche Seelenleben und seine Entwicklung – Psychologie – studiert, habe die Gesetzmäßigkeiten der Systeme, auch die der Familie – Soziologie – studiert. Ich habe Familien therapieren gelernt (psychoanalytisch-systemische Therapie). Ich habe jahrelang Eltern, Kinder und Jugendliche und auch Fachleute beraten. Ich habe Elternkurse konzipiert und durchgeführt und habe Kursleiter und Kursleiterinnen geschult. Ich habe in

Einleitung

Funk, Fernsehen und Presse über Erziehung berichtet. Und ich habe eine Tochter bis zu ihrem 16. Lebensjahr erzogen.

Und weiß ich nun, wie es geht? Habe ich zu jeder Situation die richtige Lösung in der Hosentasche parat? Habe ich nicht! Und weiß ich in jeder Situation, was richtig ist? Ich weiß es nicht!

Ich werde in diesem Buch über das, was ich weiß und was ich nicht weiß, schreiben, ich will über Unsicherheiten berichten, über Fragen der Erziehung und der Beziehung, über die Suche nach Antworten, damit Eltern selbst ihre Antworten in ihren Lebenssituationen finden können, die Antworten, die für sie und ihre Kinder, für sie und ihre Familien passen, damit die Eltern nicht müde werden, Antworten zu suchen, und damit sie selbst die besten Experten werden.

Viel Spaß und Entdeckungsfreude wünsche ich Ihnen beim Lesen und Nachdenken, auch wenn Sie gelegentlich protestieren werden.

Zur Entstehungsgeschichte und zum Aufbau des Buches
Dieses Buch ist aus der Erfahrung und der Arbeit mit den Eltern in den Elternkursen „Starke Eltern – Starke Kinder" entstanden. So ist es auch analog zu diesen Kursen aufgebaut. Den roten Faden bilden die fünf in Kapiteln abgehandelten Fragen des Elternkurses:
1. Welche Wertvorstellungen und Erziehungsziele habe ich?
2. Wie kann ich das Selbstwertgefühl des Kindes stärken?
3. Wie kann ich meinem Kind helfen, wenn es Probleme hat?
4. Was mache ich, wenn ich Probleme habe oder: Wie drücke ich meine Bedürfnisse aus?
5. Wie lösen wir Konflikte in der Familie?

Begleitet werden diese Fragestellungen von Mottos, von alltagsphilosophischen Betrachtungen als Anregung zum Nachdenken, und es besteht die konkrete Aufgabe, die behandelten Inhalte in der eigenen Familie umzusetzen.

Einleitung

Die Eltern wünschen immer wieder, Materialien und Inhalte, die in den Kursen behandelt werden, mit nach Hause nehmen zu können. Die Möglichkeit gab es bisher zumindest in Buchform nicht. Diese Veröffentlichung soll nun die Lücke schließen. Darüber hinaus soll dieses Buch auch anderen Eltern, die den Kurs nicht besucht haben, die Möglichkeit geben, sich mit wichtigen Fragenkomplexen der Erziehung auseinander zu setzen.

Sollten Sie, liebe Leserin und lieber Leser, Interesse an unserem Elternkurs haben, dann fragen Sie in Ihrem Ort im Kinderschutzbund oder im Kinderschutz-Zentrum, in der Familienbildungsstätte, VHS oder in einer anderen Institution nach, ob es dort diesen Elternkurs gibt. Die nach diesem Buch konzipierten Kurse könnten heißen: „Starke Eltern, starke Kinder", „Fit für die Kids", „Kinder machen uns manchmal das Leben schwer", „Kinder brauchen Grenzen", „Stress mit den Kindern, nicht immer, aber immer öfter". Fragen Sie nach, vielleicht läuft gerade ein Kurs, der auf der Grundlage des Aachener Kinderschutzbundes entstanden ist.

Und wenn Sie zuerst das Buch lesen, können Sie ja immer noch den Kurs hinterher besuchen, denn nichts ist manchmal wohltuender, hilfreicher und entlastender als die Erfahrung: Andere Eltern haben es genauso schwer, manche noch schlimmer, manche etwas besser, aber alle Male schaukeln wir in demselben Boot. Das relativiert manches, erleichtert einiges und vor allen Dingen macht es Spaß und Freude.

Die Grundlagen des erwähnten Elternkurses wurden im Finnischen Kinderschutzbund von dem damaligen Programmdirektor Toivo Rönkä entwickelt. Die jetzige Kurskonzeption wurde auf dieser Basis weiterentwickelt und im Aachener Kinderschutzbund in zahlreichen Elternkursen erprobt. Der Kurs wurde dann im Deutschen Kinderschutzbund auf Bundes-, Landes- und Ortsebenen weiterverbreitet; erste Evaluationsstudien folgten. Seit 2000 läuft der Elternkurs als Projekt des

Einleitung

Deutschen Kinderschutzbundes unter dem Namen: „Starke Eltern – Starke Kinder©". In den letzten Jahren hat er sich – nicht zuletzt dank der Förderung des Bundesministeriums für Familie, Senioren, Frauen und Jugend – bundesweit auch außerhalb des Deutschen Kinderschutzbundes bewährt.

Ziel des Buches

Das Ziel dieses Buches ist es – genauso wie das der Elternkurse –, einerseits mehr Offenheit, Klarheit und Humor in den Erziehungsalltag der Eltern hineinzubringen, das Selbstwertgefühl der Eltern als Erzieher zu stärken, das gegenseitige Verstehen und die Kommunikation in der Familie zu verbessern. Andererseits sollen die Rechte und Bedürfnisse der Kinder – auch im Sinne der UN-Kinderrechtskonvention – gestärkt werden, und zwar, indem Mitbestimmungs- und Gestaltungsmöglichkeiten in der ganzen Familie praktiziert werden.

Hierbei ist der Blick auf die tatsächlich vorhandenen Fähigkeiten und Kräfte der Eltern wie auch der Kinder gerichtet und wendet sich nicht dahin, warum etwas schief gegangen ist und wer schuld daran ist.

Der Erziehungsstil, der hier vertreten wird, ist weder autoritär noch antiautoritär, sondern anleitend.

Sie finden in diesem Buch auch praktische Beispiele von gewaltlosen Erziehungsmethoden und von Methoden der Grenzsetzung, außerdem Ideen, wie Sie Ihre eigenen Lösungen und Wege suchen können, um dadurch mehr Sicherheit im Umgang mit Ihren Kindern und Partnern entwickeln zu können.

Die bisherigen Rückmeldungen der Eltern und der Kursleiterinnen und Kursleiter zeigen, dass die Elternkurse durchaus zur Entlastung beitragen können: zu mehr Vertrauen in die eigenen Fähigkeiten wie auch in die der Kinder sowie zu mehr Sicherheit und Zufriedenheit im Umgang miteinander in der Familie, und dies möge hoffentlich auch dieses Buch leisten.

Welche Wertvorstellungen und Erziehungsziele habe ich?

Neue gesetzliche Bestimmungen bestärken das Kind in seiner Würde und Selbstständigkeit und liefern einen Rückhalt für den hier vertretenen Erziehungsstil der „anleitenden Erziehung". Die Eltern sollten aus vielen Gründen über ihre Erziehungsziele nachdenken. Hier wird außerdem die Frage nach der Umsetzung behandelt und erörtert, was auf die Kinder Einfluss ausübt.

Welche Wertvorstellungen und Erziehungsziele habe ich?

Wir müssen uns bei der Erziehung immer von neuem mit unseren Wertvorstellungen auseinandersetzen, aber auch mit denen unserer Kinder und unserer Partnerin bzw. unseres Partners.

Die Frage nach den Wertvorstellungen und Erziehungszielen ist schwierig, aber man kann sie nicht schnell überspringen! Hier liegt der Anfang und die Grundlage allen Erziehens und der Anfang für den Umgang miteinander in der Familie. Diese Fragen sollten wir uns schon bei der Geburt des Kindes stellen; und danach bleibt es uns als Eltern leider nicht erspart, uns immer wieder nicht nur mit unseren Wertvorstellungen, sondern auch mit denen unserer Kinder und unserer Partnerin bzw. unseres Partners auseinander zu setzen.

Warum will ich Kinder haben?

Der Frage nach meinen Werten und Erziehungszielen geht eine grundlegendere Betrachtung voraus, und zwar die: Warum sollte, möchte oder wollte ich überhaupt Kinder haben?
- Weil Kinder der Sinn meines Lebens sind?
- Weil sie einfach zum Leben dazugehören?
- Weil sie mir Gesellschaft leisten sollen – gegen meine Einsamkeit?
- Weil sie meine besten Freunde/innen sein sollen?
- Oder sollen sie mir das Glück, die Zuwendung und Anerkennung geben, wonach ich mich so sehne?
- Oder sollen sie etwas vollbringen, das ich nicht geschafft habe, nach dem Motto: Meine Kinder, mein Reichtum, mein Stolz und Glück?
- Oder weil ich für den ewigen Kreislauf des Lebens meinen Beitrag leisten will?

Viele Gründe sind denkbar. Vorsicht ist allerdings dort angesagt, wo wir Eltern von den Kindern zu sehr erwarten, dass sie sich entwickeln, so wie wir es erwarten, oder dass sie unsere Bedürfnisse, z. B. nach Nähe oder Anerkennung, befriedigen sollen.

Kinder sind Kinder; sie sind eigenständige und bisweilen eigenwillige Persönlichkeiten. Ihre Entwicklung läuft nicht immer in die gewünschte Richtung. Kinder sind nicht das Faustpfand unseres Glücks. Besonders in der Kleinkindphase und in der Pubertät sind viele Eltern enttäuscht; die Erschöpfung und der Kampf drohen die Kinderfreuden zu überschwemmen. Viele Eltern erleben, dass sie mehr geben müssen, als sie zurückbekommen.

Zu den oft schwer zu ertragenden Widersprüchen unseres Lebens gehört auch, dass unsere Kinder in uns einerseits die tiefsten, wunderschönsten Gefühle der Nähe erzeugen können, diese selben Kinder aber auch in der Lage sind, uns gnadenlos in die tiefsten Gefühle der Verzweiflung zu stürzen.

Daher ist Vorsicht angebracht mit der Erwartung, Kinder gleich Glück! Das Zusammenleben mit Kindern ist oft begleitet von Arbeit, Verzicht, Sorgen, Diskussionen, Auseinandersetzungen und Streit. Es ist somit wichtig, auf diese „Härten des Glücks" als Eltern gut vorbereitet zu sein. Umso mehr kann man dann die goldenen Momente genießen, wenn die Kinder zufrieden lächeln, uns auf den Schoß klettern, uns einen Gutenachtkuss geben.

Erziehungsstile

Man hört oft, die Erziehung sei früher einfacher gewesen. Über die Werte und Erziehungsziele herrschte, zumindest scheinbar, eine größere Übereinstimmung. Vereinfacht ausgedrückt: Die Kinder hatten zu gehorchen, die Eltern hatten das Sagen, die Kirche und die Zehn Gebote dienten als Richtschnur, und darüber hinaus galt es, „anständige" Bürger zu erziehen, die pünktlich, fleißig, ordentlich und den Vorgesetzten gegenüber „gehorsam" waren. Die gesellschaftlichen und

Bei der „anleitenden" Erziehung dürfen und sollen die Eltern Eltern sein. Aber wozu sollen sie die Kinder anleiten?

familiären Strukturen waren autoritär. Wenn die Kinder Unfug machten, gab es Hiebe. Eltern, Lehrer und Vorgesetzte hatten die gesellschaftlich anerkannte Macht. Männer konnten gegenüber Frauen und Erwachsene gegenüber Kindern sagen, wo es langgeht.

Die Studentenbewegung der 68er-Jahre wirbelte erstmals das alte Wertesystem mächtig durcheinander. Plötzlich hatte alles so keine Gültigkeit mehr. Fast alles wurde in Frage gestellt und von einem Extrem ins andere gedreht. Neue Werte, neue Ziele brauchte das Land – und es bekam sie: Weg mit dem Gehorsam! Die kirchlichen und die politischen Autoritäten verloren an Macht. Bloß nicht einfach hinnehmen oder annehmen, was von oben angeboten wird, sondern alles kritisch hinterfragen, sich wehren, sich dagegen stemmen war die Devise. Emanzipation, Befreiung, Selbstverwirklichung für Frauen, für Kinder und für so genannte Randgruppen war das Ziel. Die antiautoritäre Erziehung gewann an Bedeutung. Hier und da schlug das Pendel in die Extremrichtung und es gab keine Grenzen mehr, keine Ge- oder Verbote, auch für Kinder galt freie Selbstbestimmung.

Dreißig Jahre danach gibt es Überbleibsel aus beiden Richtungen, es gibt Mischungen und Verwischungen und große Unsicherheiten, weil nichts mehr so ist und auch nichts mehr so sein wird wie früher. Weder die autoritäre noch die antiautoritäre Orientierung bietet den Eltern in ihrem Erziehungsalltag den nötigen Halt.

Die Erziehungshaltung, die in diesem Buch wie auch in den Elternkursen des Kinderschutzbundes „Starke Eltern – Starke Kinder" vertreten wird, kann man als „anleitende Erziehung" bezeichnen. Das heißt: Eltern dürfen und sollen Eltern sein! Sie sollen und dürfen in ihrer Erwachsenen-Rolle bleiben. Aufgrund ihres Alters und ihres Erfahrungsvorsprungs sind sie für ihre Kinder Autoritäten und Vorbilder, ob sie wollen oder nicht. Je kleiner die Kinder sind, desto wirksamer und eindeutiger ist diese Position. Diesen Grundsatz akzeptieren viele Eltern. Aber wie sieht es in der Praxis aus? Wozu sollen Eltern die Kinder anleiten? Woher können Eltern noch gesicherte, als allgemeingültig anerkannte Werte und die Orientierung für Erziehungsziele nehmen? Gibt es sie überhaupt noch? Worauf können Eltern sich stützen? Woher können sie die Rechtfertigung und Begründung für ihre Erziehung nehmen?

Gesetze und Wissenschaft – die neuen Ziel- und Wertlieferanten für die Erziehung?

Die kirchliche Autorität und ihre Gebote haben für viele Menschen ihre Bedeutung als Sinn- und Haltgebendes auch für die Erziehung verloren. Es scheint, als ob sich in diese Lücke die Gesetze, z. B. die Kinderrechte und die Wissenschaft, wie u. a. Pädagogik, Psychologie und Sozialwissenschaften, geschoben haben. Sie schaffen neue, durchaus ernst zu nehmenden Grundlagen für die Erziehung.

Seit den 1970er-Jahren ist das alte Wertesystem durcheinander geraten. Die jungen Eltern stehen vor der Frage, woher sie die Maßstäbe für die Erziehung nehmen können.

UN-Konvention über die Rechte des Kindes

Die UN-Kinderkonvention geht über den Schutzaspekt hinaus und spricht dem Kind den Status eines eigenen Rechtssubjekts zu.

Am 20. November 1989 hat die UNO-Vollversammlung die Konvention über die Rechte der Kinder angenommen. In ihren 54 Artikeln formuliert sie Rechte, die alle Kinder und jungen Menschen bis zum 18. Lebensjahr in der ganzen Welt haben beziehungsweise haben sollten.

In dieser Kinderkonvention werden drei Komplexe herausgestellt:

1. Die Identitätsrechte: Sie behandeln u. a. das Recht des Kindes, seinen Namen, seine Staatsangehörigkeit, seine Religion, seine gesetzlich anerkannten Familienbeziehungen zu behalten, das Recht auf Respektierung der eigenen Kultur.

2. Die Schutzrechte: Sie behandeln das Recht auf Schutz vor schlechter Behandlung, vor Misshandlung, vor Ausbeutung und Diskriminierung, aber auch das Recht auf Schutz des Persönlichen (u. a. Artikel 16 der UN-Kinderkonvention, siehe Anhang), d. h. in der Praxis, dass z. B. auch für die Eltern Briefe und Tagebücher der Kinder Tabu sind.

3. Die Beteiligungsrechte: Wenn man in die Geschichte des Kinderrechts zurückblickt, sieht man, dass hier etwas noch nie Dagewesenes behandelt wird; es ist geradezu revolutionär: Die Angelegenheiten des Kindes beschränken sich jetzt nicht mehr ausschließlich auf den Schutzaspekt, sondern die UN-Kinderkonvention gewährt dem Kind den Status eines eigenen Rechtssubjekts. Das hat zur Folge, dass die Eltern und auch andere nicht das Recht haben, die Kinder zu behandeln, wie sie wollen, nur weil sie z. B. die Eltern sind.

So gewähren die Artikel 12, 13, 14, 15, 16 und 17 den Kindern und Jugendlichen das Recht auf ein Privatleben, das Recht auf freie Meinungsäußerung und das Recht, bei Angelegenheiten, die sie betreffen, angehört zu werden. Sie haben

Redefreiheit. Kinder und Jugendliche haben das Recht auf Zugang zu Informationen, das Recht, sich frei mit anderen zusammenzuschließen sowie an friedlichen Versammlungen teilzunehmen. Das alles gilt, solange sie nicht die Freiheit oder Rechte anderer Menschen verletzen.

Was bedeutet das alles in der Praxis? Dürfen unsere Kinder jetzt etwa, gestützt auf die UN-Kinderrechtskonvention, ununterbrochen babbeln und dazwischenreden, wenn wir Erwachsenen etwas zu besprechen haben? Uns Eltern stehen doch die Haare zu Berge, wenn wir daran denken, wir müssten diesen Artikeln in unseren Erziehungszielen folgen!

Und doch lohnt sich die Auseinandersetzung mit diesen Leitgedanken, auch und gerade gemeinsam mit den Kindern. Es könnte vielleicht mittlere Wunder bewirken, wenn die Eltern und andere, die mit Kindern zu tun haben, sich zumindest bemühen würden, Kindern gegenüber mehr Verständnis, Respekt und Toleranz aufzubringen. Das würde höchstwahrscheinlich mehr nutzen als unsere tagesüblichen Reden: „Wie oft habe ich dir schon gesagt …", „So nicht", „Kannst du das denn nie!", „So wird nichts aus dir" … usw.

So hat z. B. auf Initiative des Aachener Kinderschutzbundes die Gemeinnützige Wohnungsbaugesellschaft in Aachen eine neue „Kinderfreundliche Hausordnung" in ihren Häusern eingeführt, mit dem § II: „Fürsorgepflicht gegenüber Kindern", in dem es u. a. heißt: „Die Meinung der Kinder soll bei Streitigkeiten gehört werden."

Die Vertragsstaaten haben sich mit ihrer Unterschrift unter die UN-Kinderrechtskonvention dazu verpflichtet, ihre Landesgesetzgebungen in Einklang mit den Artikeln der Konvention zu bringen.

Deutschland hat die Konvention 1990 unterzeichnet. Infolgedessen ist der § 1631 des Bürgerlichen Gesetzbuches (BGB) abgeändert worden.

§ 1631 BGB, Absatz 2

Die Kinder haben jetzt ein Recht auf gewaltfreie Erziehung.

Seit November 2000 heißt es im § 1631, Absatz 2: „Kinder haben ein Recht auf gewaltfreie Erziehung. *Körperliche Bestrafungen, seelische Verletzungen und andere entwürdigende Maßnahmen* sind unzulässig."

Was heißt das für mich als Mutter oder Vater? Das heißt, dass für uns die gewaltfreie Erziehung unserer Kinder selbstverständlich sein sollte. Kein Klaps auf den Hintern, keine Ohrfeige mehr, kein Ziehen an den Haaren, kein Einsperren im Keller.

Das heißt aber auch, ich müsste anfangen mir Gedanken darüber zu machen, wie ich den Kindern anders Grenzen setzen kann. Das bedeutet auch, ich müsste anfangen zu überlegen, was seelische Verletzungen oder entwürdigende Erziehungsmaßnahmen eigentlich sind. Im Gesetzestext ist das nicht genauer definiert.

- *Körperliche Strafen* sind: Klapse, Ohrfeigen, Ziehen an den Haaren, Schlagen mit der Hand, Treten mit den Füßen, Schlagen mit Gegenständen. Letzteres gilt schon als Misshandlung und kann strafrechtlich verfolgt werden.
- *Seelische Verletzungen* werden hervorgerufen, wenn Sie das Kind häufig, oft, immer anbrüllen; es niedermachen, klein halten, kritisieren, bloßstellen, von Freunden isolieren, schuldig machen; dem Kind ständig mit Rausschmiss oder gar mit Trennung, mit Scheidung, mit Tod oder Krankheit drohen. Auch Gewaltanwendung zwischen den Eltern, vor den Augen der Kinder, kann zu seelischen Verletzungen der Kinder führen.
- *Entwürdigende Maßnahmen* haben häufig das Ziel, das Kind zu beschämen und seinen Willen zu brechen. Dauerhafte Entwürdigungen verursachen massiven seelischen Schaden bei den Kindern.

Warum sollten wir unsere Kinder ohne körperliche Bestrafung und andere entwürdigende Maßnahmen erziehen?

Wir alle, die wir Kinder haben und mit Kindern und Eltern arbeiten, wissen, dass Situationen vorkommen, wo den Eltern die Hand ausrutscht. Besonders in schwierigen Lebens- oder Stresssituationen, in denen wir uns überfordert, ohnmächtig und hilflos fühlen, greifen wir schnell auf körperliche oder andere entwürdigende Strafen zurück.

Der Sinn des Gesetzes ist nicht, die Eltern zu verurteilen, geschweige denn sie zu kriminalisieren oder ihnen das Leben noch schwieriger zu machen.

Allerdings sollte man auch nicht den leider häufig zitierten Spruch „Ein Klaps hat noch niemandem geschadet!" allzu leicht als Rechtfertigung heranziehen.

Die negativen Auswirkungen einer starren, strafenden Erziehung sind eindeutig nachgewiesen:
- Körperstrafen haben zur Folge, dass Kinder weniger Selbstbewusstsein und Selbstwertgefühl entwickeln.
- Wer mit Gewalt erzogen wurde, wird auch dazu neigen, Gewalt als Mittel zur Konfliktlösung anzuwenden.
- Da bei Körperstrafen die Kontrolle verloren gehen kann, kann daraus Misshandlung mit schwer wiegenden Folgen werden.
- Nachgewiesen ist ebenfalls, dass ein Zusammenhang besteht zwischen Gewalterfahrung in der Erziehung und aggressivem Ausagieren gegenüber Gleichaltrigen oder weitergehend bis hin zur Gewaltkriminalität.

Körperstrafen zeigen zudem nicht, wie etwas richtig gemacht werden sollte; sie stoppen höchstens für einen Augenblick das unerwünschte Tun bis zum nächsten Mal.

Wenn man mit Klapsen anfängt zu erziehen, dann fragt sich, wann man damit aufhören will: Wenn das Kind drei, sieben, neun oder dreizehn Jahre alt ist oder vielleicht erst dann, wenn es zurückschlägt?

Welche Wertvorstellungen und Erziehungsziele habe ich?

Mit der UN-Kinderrechtskonvention und der Abänderung des § 1631 BGB ist ein wichtiger Schritt auf dem Weg zu „Mehr Respekt vor Kindern" getan worden.

Es wird allerdings ein Jahrzehnte langer Weg sein, bis die rechtlichen und gesetzlichen Vorgaben eine bewusstseinsverändernde Wirkung erzielen. In Deutschland brauchte es zwanzig Jahre Vorbereitungszeit, bis der § 1631 BGB, Absatz 2 gesetzlich in Kraft trat. Voraussichtlich wird es weitere zwanzig Jahre dauern, bis der Gesetzestext von den Eltern als Leitgedanke der Erziehung verinnerlicht ist. Die in Schweden und Finnland gewonnenen Erfahrungen belegen dies eindeutig.

Waren es in Schweden in 60er-Jahren noch über 50 Prozent der Eltern, die körperliche Strafen als Erziehungsmittel anwendeten, so hatte sich dort die Einstellung bis Ende der 90er-Jahre radikal verändert. Nur noch 10 Prozent der Eltern waren für Körperstrafen, von der jüngeren Generation nur noch 6 Prozent. In Finnland sind die Ergebnisse vergleichbar. Übri-

gens wurde das Gesetz zur Ächtung von Gewalt in der Erziehung in Schweden schon 1979 verabschiedet und in Finnland vier Jahre später, 1983.

Die skandinavische Erfahrung zeigt, dass eine Bewusstseinsveränderung im angestrebten Sinn am ehesten dort gelingt, wo es ausreichend Information gibt und Diskussionen zum Thema möglich sind und wo die Kinder ausdrücklich einbezogen sind und Aufklärung über den Sinn gewaltfreier Erziehung erhalten.

Vielfältige Wertvorstellungen und Erziehungsziele oder:
Das Spiel mit den passenden Hüten

Haben wir uns selbst je gefragt, welche Wertvorstellungen, welche Erziehungsziele wir eigentlich haben? Wozu erziehe ich meine Kinder? Wie sollen sie denn eines Tages werden … oder sollen sie sich frei entfalten wie die Blumen auf der Wiese?

Und wie sieht es aus mit den Wert- und Zielvorstellungen des Partners oder der Partnerin, mit denen der Omas und Opas? Wie soll man das alles zur gegebenen Zeit unter einen Hut bringen?

Aber das braucht man gar nicht. Kinder können sich durchaus daran gewöhnen, dass die Elternteile unterschiedliche Wertvorstellungen haben – der eine ist beispielsweise der Ordentliche, der andere gar nicht. Der eine legt Wert auf Leistung, der andere nicht. Der eine ist sparsam, der andere wiederum verschwenderisch. „Höflich soll das Kind sein", sagt der eine, „dressiert" meint der andere.

Es geht um die Kunst, zwei unterschiedliche Sichtweisen gelten zu lassen, die Kunst zu tolerieren. Mutter muss nicht

Kinder können sich daran gewöhnen, dass beide Eltern unterschiedliche Wertvorstellungen haben. Für ein Kind dürfen mehrere Hüte unter einem Dach sein.

Welche Wertvorstellungen und Erziehungsziele habe ich?

die Werte des Vaters übernehmen, geschweige denn die Erfüllungsgehilfin für Vaters Erziehungsziele werden. Vater kann seine Meinung überzeugender selbst vertreten. Wichtig ist, dass die Eltern sich vor den Kindern nicht über ihre Wertvorstellungen zu streiten beginnen und gar die Kinder als „Parteigenossen" zu gewinnen suchen: Wer von den Eltern richtig liegt, wer mit seinen Erziehungszielen absolut hinter dem Mond lebt, wer der „Idiot" ist und wer der „König", wer der bessere Elternteil ist usw., und alles vielleicht sogar auf Kosten des anderen; denn das geht in letzter Konsequenz zu Lasten der Kinder.

Wenn der Partner andere Wertvorstellungen hat, muss man auch Kompromisse schließen können und darauf vertrauen, dass das Kind davon nicht ins Verderben gestürzt wird.

Es ist durchaus sinnvoll, dem Kind z. B. zu sagen: „Du weißt, dein Vater legt Wert drauf, dass du Oma freundlich Guten Tag sagst. Ich sehe das etwas lockerer, aber du kennst ja deinen Vater. Sollen wir uns denn deswegen wieder einmal zoffen wie die Berserker? Und außerdem freut Oma sich auch!"

Wenn man allen Seiten entgegenkommen will, dann muss man verhandeln, Kompromisse schließen und darauf vertrauen, dass die Wertvorstellungen des anderen das Kind schon nicht ins Verderben stürzen. Das Kind wird noch viele andere Werte kennen lernen. Es wird sich sein eigenes Urteil irgendwann einmal bilden – Kinder sind ja nicht blöd!

> **Wichtiger Hinweis**
> Wenn es Probleme in der Beziehung der Eltern gibt, da es beispielsweise schon eine Warteliste an unerfüllten Wünschen gibt, dann verführt dieses die Eltern leicht dazu, den eigenen Frust in den Kampf über Fragen der Kindererziehung zu übertragen. Es scheint interessanterweise oft einfacher zu sein, über die Kindererziehung miteinander zu streiten, als die eigenen Wünsche und Bedürfnisse direkt anzusprechen.

Anders ausgedrückt: Es dürfen durchaus mehrere Hüte für ein Kind unter einem Dach sein: größere und kleinere, buntere und engere. Solange keiner anfängt dem Kind einzelne Hüte um die Ohren zu schlagen – und das ist die Kunst, es nicht zu tun –, wird das Kind die unterschiedlichen Hüte aufprobieren. Es wird einige von ihnen schätzen und lieben lernen, einige alte auch mal beizeiten wegschmeißen und sich neue anschaffen.

Unterschiedliche Werte oder: Alles unter einem Dach

In unserem Haushalt ist mein Mann ordentlich, ich bin dagegen unordentlich.

Unsere Tochter Salli zeigte schon in den ersten Lebensjahren, dass sie zur Qual meines Mannes ganz nach mir kommt. Nach dem altbewährten Muster versuchte mein Mann nun mir die Aufgabe zu übergeben, unsere Tochter zu Ordnung und Sauberkeit zu erziehen. Ich als junge Muster-Mutti habe dann auch prompt einige Umerziehungsversuche unternommen, zu denen mir aber die Überzeugungskraft fehlte und die auch keinen Erfolg brachten. Das Ergebnis war Ärger und ich handelte mir Vorwürfe seitens meines Mannes ein, nach dem Muster: „Du schaffst es nicht, deine Tochter richtig zur Ordnung zu erziehen." Ich habe viele Tränen geweint und es hat Krach gegeben, bis ich dahinter kam, dass ich diesen unfreiwilligen Erziehungsjob aufgeben musste. Ich konnte ja gar nicht in Punkto Ordnung erfolgreich sein. Das war nicht die richtige Aufgabe für mich. Also gab ich sie wieder an meinen Mann zurück und sagte – allerdings ohne Spott und Überheblichkeit –, er solle es selbst versuchen, für ihn sei ja die Ordnung im Leben wichtig, vielleicht schaffe er es, das auch besser zu vermitteln.

Welche Wertvorstellungen und Erziehungsziele habe ich?

Er schaffte es nicht! Und das Chaos im Kinderzimmer blieb. Salli war der Meinung, sie habe ihre Ordnung in der Unordnung, und sie war davon überzeugt, dass die leeren Marmeladengläser und Joghurtbecher unter dem Bett sein müssten.

Mein Mann war verzweifelt und meinte, er müsste irgendetwas unternehmen. Ich stand auf dem Standpunkt, dass Salli in ihrem Zimmer schalten und walten kann, wie sie will, nur dürfe sie ihr Chaos nicht auf Küche, Wohnzimmer und Schlafzimmer ausdehnen. Ich versuchte meinen Mann zu trösten. Denn ich meinte, wie kann man jetzt schon genau wissen, wie sich unsere Tochter entwickeln wird, wessen Anlage sie letztlich „geerbt" hat, und sagte mit Augenzwinkern: „Vielleicht wird sie noch eines Tages so wie du, ganz ordentlich, oder vielleicht wie ich. Dann hättest du in der Tat Pech gehabt! Aber wir geben die Hoffnung nicht auf!"

So gingen die Kindergarten- und Grundschuljahre vorüber, mit viel Chaos im Kinderzimmer, und gelegentlich gab es mächtigen Krach. Eines Tages, als Salli zwölf Jahre alt war, wendete sich urplötzlich das Blatt. Ich kam nach Hause, ihr Zimmer war in Topform, der Fußboden war leer, die Sachen lagen in den Schränken, alles war gesaugt und sauber. Sie verkündete, sie wolle ab jetzt ihr Zimmer immer sauber und in Ordnung halten ... und so geschah es!

Was zu der abrupten Veränderung geführt hatte, weiß keiner so genau. War es die „Erbanlage" des Vaters, die plötzlich durchbrach, oder dessen „sehnsüchtiger" Wunsch nach Veränderung, der Wirkung zeigte, oder hatte sie plötzlich Silberfische in ihrem Zimmer entdeckt? – Wer weiß!

Welche Wertvorstellungen und Erziehungsziele habe ich?

Was wir als Antwort darauf geben, hängt im Wesentlichen davon ab, wie wir selbst erzogen worden sind, davon, welche Werte und Ziele unsere Eltern hatten und wie sie uns diese vermittelt haben. Wert- und Erziehungszielvorstellungen können sich im Laufe der Zeit stark verändern. Schon innerhalb eines Menschenlebens, in ein paar Jahrzehnten, vollziehen sich oft große Verschiebungen, wie z. B. nach den 70er-Jahren in der Rolle der Frauen oder im Verständnis von Kindheit.

Die Fragen nach unseren Werten und Erziehungszielen werden uns beharrlich, oft unser Leben lang, begleiten. Sie besitzen für uns Bedeutsamkeit in zweierlei Hinsicht. Auf der einen Seite haben die Werte unserer Eltern uns tief – manchmal positiv, manchmal negativ – in unserer Entwicklung und Lebenseinstellung geformt. Und so können sie für uns eine beflügelnde und beglückende oder aber eine bremsende und negativ beeinträchtigende Wirkung haben. Auf der anderen Seite sind wir als Eltern oft mit der Frage beschäftigt, was wir unseren Kindern als „Butterbrote" mit auf den Weg geben. Ist es gut? Ist es genug? Ist es richtig oder falsch, zu wenig oder zu viel?

Vorstellungen über Werte und Erziehungsziele können sich im Laufe der Zeit stark verändern.

Was ist für mich wichtig? oder: Der Besuch der Schwiegereltern

Bei Stresssituationen lässt sich durch klares Bestimmen, was Vorrang hat, vermeiden, dass Kinder die Leidtragenden sind.

Der Besuch der Schwiegereltern war angesagt. Aus irgendwelchen Gründen, wie es davon immer mehr als genug gibt, wenn ein junges Kind im Haus ist, war meine Wohnung nicht aufgeräumt, der Tisch war noch nicht gedeckt, Kaffee nicht gekocht. Salli, neun Monate alt, war unglücklich und brüllte und quengelte. Als junge Mutter stand ich reichlich unter Druck. Drei Sachen hätten schnell gleichzeitig gemacht werden müssen. So war ich nahe daran, in Panik zu geraten. Aber da erinnerte ich mich an die Elternkurse und an das Motto, das ich dort gehört hatte: „Wenn du es eilig hast, mach einen Umweg!" Also habe ich mir eine Auszeit gegönnt, eine Minute Pause eingelegt und überlegt: Was ist mir wichtig, hier und jetzt, und was muss ich also demnach tun? „Was mache ich jetzt am besten?" Meine Antwort war, mein Kind ist mir wichtig. So entschied ich, mich zuerst um Salli zu kümmern. Ich nahm sie und brachte sie zum Wickeltisch, wechselte ihr die Windeln. Wir sangen ein Lied und spielten auf dem Boden ein Fingerspiel.

Dann klingelten Oma und Opa. Ich habe mich entschuldigt, dass der Kaffee noch nicht fertig war, bat die beiden, sich um Salli zu kümmern – was sie gerne taten –, und kochte in der Zeit im Handumdrehen den Kaffee. Opa half beim Tischdecken. Die Wohnung war durcheinander, aber der Nachmittag war gerettet.

Zweite Möglichkeit – dieselbe Situation

Hätte ich jetzt einen Kuchen im Ofen gehabt, dann hätte ich auf ihn achten und ihn auch erst noch dekorieren müssen. Mir wäre dann der Kuchen wichtiger gewesen. Das hätte geheißen, ich hätte meine Tochter außer Acht lassen müssen.

Dann hätte ich ihr gesagt, es hilft jetzt alles nichts, ich muss mich zwei Minuten lang um den Kuchen kümmern, sonst verunglückt er mir, und das geht nicht. Ich hole dich gleich und kümmere mich dann um dich. Es hätte mich schon etwas mehr Nerven gekostet, das Brüllen des Kindes zu hören, aber das hätte dann für eine Weile so sein müssen. Sicher hätte an dem Tag dann bloß Puderzucker als Dekoration für den Kuchen gereicht, und dem Kind hätte ich das kommentiert nach dem Motto: „Ich kann ja verstehen, dass du jetzt sauer bist, aber Mensch Meier, ich muss jetzt diesen Kuchen hier zuerst auf die Reihe kriegen, dann bist du direkt dran."

Dritte Möglichkeit – dieselbe Situation
„Mir ist alles wichtig – ich muss hundertprozentig sein!"

Ich hätte das brüllende Kind auf den Arm nehmen können, hätte mit der Rechten Kaffee zu kochen versucht, mit der Linken mit dem Kind gespielt, mich nach rechts blickend um den Kuchen gekümmert, mit dem linken Auge das Kind angelächelt oder hätte es angebrüllt: „Du sollst gefälligst Rücksicht auf mich nehmen! Siehst du nicht, was für einen Stress ich habe?" Das aber sieht das Kind garantiert nicht! Oder mir hätte die Hand ausrutschen können.

Auch das wäre vielleicht gegangen, ob mit verbrannten Fingern und danebengeschlabbertem Kaffee und mit Tränen in den Augen, sei dahingestellt, auf alle Fälle würde ich schwitzen und wäre außer Atem beim Eintreffen der Schwiegereltern.

> **Wichtiger Hinweis**
> Besonders in Stresssituationen sind Sie als Mutter oder Vater für ein sinnvolles Handeln in der Situation verantwortlich und nicht das Kind – je kleiner es ist, desto weniger.

Welche Wertvorstellungen und Erziehungsziele habe ich?

> Die Beantwortung der Fragen „Was ist mir wichtig und was muss ich also jetzt tun?" kann oft in brenzligen Situationen hilfreich sein.

Wie können wir unsere Werte den Kindern vermitteln?

> MOTTO: Vorbild sein dringt tiefer als Worte

PYRAMIDE DER EINFLUSSNAHME

Die Ebenen der Einflussnahme in der Erziehung

3. RATSCHLÄGE
(Was wir dem Kind
durch Worte vermitteln)

2. ART DER BEZIEHUNG
(Wie sehr wir bereit sind, das Kind
zu verstehen und uns um es kümmern)

1. BEISPIEL / VORBILD
(Wer und was man als Eltern für das Kind ist)

Vermittlung der Werte, indem man sie vorlebt und Vorbild ist

Wie die Pyramide der Einflussnahme zeigt, wird das Kind am meisten davon beeinflusst, welches Vorbild wir abgeben: von dem, was wir sind, wie wir es sind, was wir tun, denken und fühlen. Das gilt im Positiven wie im Negativen.

Die zweite Ebene zeigt: Ob und inwieweit die Kinder bereit sind, sich von uns beeinflussen zu lassen, hängt wesentlich davon ab, in welchem Maß wir uns um sie kümmern.

In der weitaus geringsten Weise können wir das Kind beeinflussen durch das, was wir durch Worte vermitteln.

Wenn die Worte nicht in Übereinklang mit den zwei grundlegenden Ebenen sind, geht das, was wir Eltern den Kindern „predigen", in die Ohren rein und wieder heraus. Versucht man, den Kindern Werte mit Zwang überzustülpen, dann reagieren sie darauf – spätestens in der Pubertät – mit Gegenwehr.

Aus der eigenen Erfahrung wissen wir, dass die in der Kindheit vermittelten Wertvorstellungen nicht für immer verloren sind, auch wenn es gerade in der Pubertät manchmal stark danach aussieht. Für die jetzige Elterngeneration, die oft mit ihren pubertierenden Kindern kämpft, mögen diese Erfahrungen ein wenig tröstlich sein.

In den Kursen berichten Eltern immer wieder, dass sie eigentlich nicht so erziehen wollten wie ihre Eltern, aber dann haben sie sich doch dabei ertappt, dass sie nicht nur für die gleichen Werte einstehen, sondern auch die gleichen Verhaltensweisen zeigen und dies in gleicher Tonlage an ihre Kinder weitergeben.

Massive Auseinandersetzungen in der Pubertät, z. B. über Kleider, Freunde oder aber über Gewalt und Drogen, sollten nicht zu einem Bruch in der Beziehung führen. Es ist auf Dau-

Die in der Kindheit vermittelten Wertvorstellungen scheinen – gerade in der Pubertät – verloren, sind es aber nicht.

er leichter, wenn man seine eigenen Wertvorstellungen überprüft und um mehr Toleranz bei sich selbst bemüht ist, als wenn man kaputtgestrittene Beziehungen zu reparieren hat.

Aufgaben

- Beantworten Sie für sich die folgenden Fragen und schreiben Sie die Antworten am besten auf.
- Stellen Sie die Fragen auch Ihrem Partner oder Ihrer Partnerin.
- Reden Sie über diese Dinge auch mit Ihren Eltern und Geschwistern, Freundinnen und Freunden – aber auch mit Ihren Kindern.

Die Auseinandersetzung mit diesen Fragen kann zuweilen auch schmerzlich sein – aber es lohnt sich!

Fragenkatalog: Werte und Erziehungsziele
- Was ist für mich wichtig?
- Welche Wertvorstellungen habe ich?
- Welche Erziehungsziele habe ich?
- Wie bin ich selber erzogen worden? Welche Werte und Erziehungsziele waren für meine Eltern wichtig?
- Was möchte ich davon meinen Kindern weitergeben und was nicht?
- Welche Werte und Erziehungsziele hat meine Partnerin, mein Partner?
- Worin stimmen wir überein, worin nicht und wo können wir Kompromisse machen?
- Wie können wir unsere Wertvorstellungen den Kindern vermitteln?

Wie kann ich das Selbstwertgefühl des Kindes stärken?

Das Selbstwertgefühl entwickelt sich u. a. aus Bestätigungen vielfältiger Art. Hier werden einige Regeln zum „Feedback" der Eltern auf die Handlungen ihrer Kinder gegeben.

Wie kann ich das Selbstwertgefühl des Kindes stärken?

> MOTTO:
> Achten Sie auf die positiven Seiten Ihres Kindes

Warum ist dieses Motto so wichtig?

Im Alltagskampf hat jeder das Gefühl, er müsse alles alleine machen. Wer wird da nicht blind für die Leistung des anderen? Schafft man es noch, die positiven Seiten des anderen zu sehen?

Im alltäglichen Einerlei droht das Leben zuweilen auf das bloße Tun, Schaffen, Machen, Raffen zusammenzuschrumpfen. Der Wert des einzelnen Familienmitglieds scheint sich oft nur daran zu messen, ob es reibungslos in diesem Lebensalltag funktioniert. Der Alltagsrhythmus zwischen Kindergarten, Schule, Einkaufen, Kochen, Essen, Putzen, Ordnung schaffen, Besorgungen machen, Besuchen, Hobbys und Erledigungen aller Art, zwischen Feste feiern, Ferien, Organisieren von Weihnachten, Ostern usw. presst das tägliche Leben in ein – mehr oder weniger biegsames – Korsett.

Schon das Tempo der Sprache entspricht unserem hektischen Lebens- und Tagesrhythmus. Ständig heißt es: „Komm ..., mach ..., tue ..., ich habe es eilig!", „... schnell!", „Wir müssen uns beeilen!", „... sonst sind wir zu spät!"

Und wenn es nicht so läuft, wie es laufen sollte, dann wird noch zugelegt: „Kannst du denn nie ...!", Schon wieder hast du nicht ...!", „Wie oft muss ich dir sagen ...!", „Du bist unmöglich!", „Du bist so blöd ...!", „Aus dir wird nie was!"

Darüber hinaus verfolgt oft ein argwöhnischer Blick den Partner, die Partnerin: Wer macht was, wer macht mehr, wer kümmert sich in welchem Ausmaß um wen und was? Im schlimmsten Fall, durch den Alltagskampf zermürbt, hat jeder das Gefühl, er würde zu kurz kommen oder er müsse alles alleine machen. Wer wird da nicht blind für die Leistung des anderen, wer wird es da noch schaffen, die positiven Seiten des anderen zu sehen?

Daher an dieser Stelle das Motto und die Aufgabe: Konzentrieren Sie sich stärker auf die positiven Seiten Ihres Kindes und ebenso auf die Ihres Partners, Ihrer Partnerin!

Es ist übrigens auch zu empfehlen, dass man ab und an beim Blick auf Menschen außerhalb der Familie den Blickwinkel wechselt und auch bei denen positive Seiten wahrnimmt, wie beispielsweise bei der Schwiegermutter, bei einem Kollegen oder sogar bei einem Widersacher. Nehmen Sie notfalls die Lupe in die Hand. Kleine bis mittlere Überraschungen können dabei herauskommen!

Stärkung des Selbstwertgefühls der Kinder

Jeder Mensch muss ein Mindestmaß an Selbstwertgefühl aufbauen und aufrecht erhalten können, um sein Leben „in den Griff" zu bekommen. Die Entwicklung des Selbstwertgefühls vollzieht sich in hohem Maße in der Familie, und welchen Wert sich ein Mensch selbst beimisst, hängt wesentlich davon ab, welchen Wert ihm die Familienmitglieder zubilligen. Die in der Familie vorherrschenden Kommunikations- und Beziehungsmuster rücken hier in den Vordergrund, d. h., man muss sich einmal überlegen, welche Kommunikations- und Beziehungsmuster in der Familie für die Entwicklung des Selbstwertgefühls eher förderlich und welche eher hemmend sind.

Fangen wir als Erstes mit uns selbst an. Wie sieht es mit dem Selbstwertgefühl von uns Eltern aus? Ist nicht an der folgenden Aussage etwas Wahres dran?

Erlebt man sich selbst als wertvoll, kann man anderen besser mit Wertschätzung begegnen.

Zur Entwicklung und Aufrechterhaltung des Selbstwertgefühls sowohl bei Kindern als auch bei Erwachsenen tragen auch Einflüsse außerhalb der Familie bei, z. B., dass man An-

Die Entwicklung des Selbstwertgefühls vollzieht sich hauptsächlich in der Familie, aber auch Einflüsse außerhalb der Familie tragen dazu bei.

erkennung findet, Erfolg hat, Bestätigung findet durch andere Menschen, sei es im Kindergarten, in der Schule, im Beruf oder im Hobbybereich. So kann beispielsweise ein sportliches, künstlerisches oder soziales Hobby, dem man gerne nachgeht und das man außerhalb des Hauses mit anderen betreibt, für das Selbstwert- und Lebensgefühl von ungeahnter Wichtigkeit sein. Wenn es irgendwie möglich ist, sollten Eltern Aktivitäten, die ihren Kindern Spaß machen, fördern und sollten dasselbe auch für sich tun.

Bedürfnisse der Eltern – Bedürfnisse der Kinder

Eltern sollten wegen der Entwicklung des Selbstwertgefühls der Kinder auf die Befriedigung von deren Bedürfnissen achten, dürfen dabei aber die eigenen nicht außer Acht lassen, damit auch ihr Kräftehaushalt stimmt.

Eine Grundvoraussetzung für die Entwicklung eines stabilen Selbstwertgefühls des Kindes ist die Befriedigung seiner Bedürfnisse. Wenn wir in den Elternkursen uns anschauen, welche Bedürfnisse die Eltern haben und welche die Kinder, dann kommen wir immer zu einem erstaunlichen Ergebnis: Die Bedürfnisse sind fast identisch! Zwar können die Gewichtung oder die Reihenfolge unterschiedlich sein, die Inhalte ähneln sich aber weitestgehend.

Gleiche Bedürfnisse sind:
- Ruhe, Schlaf, Bewegung, versorgt werden
- Angenommen werden, Vertrauen
- Sicherheit, Zugehörigkeit, Zuneigung, Zärtlichkeit
- Spaß, Freiräume, etwas Schönes tun
- Freunde, Anerkennung
- Leistung, etwas Sinnvolles tun

Damit wir Eltern in der Lage sind, auf die Bedürfnisse des Kindes einzugehen, dürfen wir unsere eigenen Bedürfnisse nicht außer Acht lassen. Also sollten wir bei der Fürsorge und Erziehung unserer Kinder wachsam bleiben und auch erforschen,

Liebe, Annahme, Vertrauen als Grundlagen fürs Selbstwertgefühl

was unsere eigenen Bedürfnisse als Mutter, als Vater, als Paar sind. Wir Erwachsenen sind für unseren Kräftehaushalt selbst zuständig und für unser Glück, nicht unsere Kinder. Es ist unsere Aufgabe, für uns kleine Inseln der Ruhe zum Auftanken zu organisieren, damit Kräfte, Ruhe und Spaß bei der Versorgung der Kinder nicht gänzlich verloren gehen.

Wenn die Kinder klein und mehrere da sind und womöglich die Erziehungsaufgabe einer allein übernommen hat, dann ist für ihn die Familienarbeit eine hoch komplexe Aufgabe. Desto notwendiger ist dann aber auch das Auftanken neuer Kräfte. Gerade die Alleinerziehenden sollten sich nicht scheuen, alle erdenklichen Hilfstruppen für sich zu mobilisieren, z. B. Nachbarn, Verwandte, Eltern-Kind-Treffs, Alleinerziehergruppen.

Besonders die ersten drei Lebensjahre des Kindes, die für seine spätere Entwicklung so bedeutsam sind, können für die Eltern sehr anstrengend sein.

Diese Phase ist deshalb von so grundlegender Bedeutung, weil in diesem Zeitraum für den Menschen der Grundstein gelegt wird für seine Fähigkeit, später Bindungen einzugehen. Entscheidend ist, inwieweit es die Eltern verstehen, die Bedürfnisse des Kindes wahrzunehmen und auf sie einzugehen. Der zwischen Mutter, Vater und Kind aufeinander abgestimmte Rhythmus von Füttern, Schlafen, Umsorgen, Zärtlichkeit, Bewegung, Ruhe, Kontakt, Abwechslung, Reden, Singen, Spielen befördert die Ich-Stärke des Kindes.

Liebe, Annahme, Vertrauen als Grundlagen fürs Selbstwertgefühl

Im Folgenden werden wir drei wichtige Bedürfnisse des heranwachsenden Kindes behandeln: Liebe und Zuneigung, Annahme und Vertrauen.

Wie kann ich das Selbstwertgefühl des Kindes stärken?

Liebe und Zuneigung

Liebe muss immer wieder neu Ausdruck finden.

Für die Entwicklung des Kindes ist von zentraler Bedeutung, dass es Liebe erfährt. Liebe ist, für den anderen da sein, ihm Wärme und Zärtlichkeit geben, Verständnis für ihn zeigen. Es sollte jedoch nicht davon ausgegangen werden, dass Liebe automatisch in die Eltern-Kind-Beziehung hineingeboren ist. Sie muss vielmehr immer wieder neu Ausdruck finden in Worten, Taten und Gesten. Liebesbeweise sind z. B. Streicheln, Toben, Vorlesen, Herumalbern, Schmusewörter, Kuscheleinheiten, kleine Verwöhneinheiten.

Fragen Sie sich, wie bei Ihnen die Liebesbeweise aussehen.

Immer wieder sollte das Kind die Gewissheit spüren können, dass es von seinen Eltern gemocht wird und es wichtig für sie ist. Durch die vorgelebte Liebe und erlebte Elternliebe lernt das Kind, sich selbst zu lieben und Liebe zu geben.

Liebe, Annahme, Vertrauen als Grundlagen fürs Selbstwertgefühl

Annahme

Das Kind braucht die Grundsicherheit, dass es angenommen wird, so *wie* es ist. Wenn es Anerkennung und Aufmerksamkeit stets erst verdienen muss, schadet dies seinem noch zarten Selbstwertgefühl.

Indem sich das Kind von der Familie angenommen fühlt und Anerkennung findet, erfährt es zudem, dass es ein wichtiges Mitglied in der Gruppe ist, dass man es braucht und dass es Verantwortung trägt. So kann das Kind sich leichter selbst annehmen. Seine Möglichkeit, anderen Menschen angst- und vorurteilsfreier gegenüberzutreten, wird gefördert.

Annahme kann auf vielfältige Weise gezeigt werden. Sie drückt sich darin aus, dass Kinder auf ihre eigenen Angelegenheiten Einfluss nehmen können, sie nach ihrer Meinung gefragt werden, Erwachsene sich nicht ständig in das Tun der Kinder einmischen.

Ein verständnisvolles Zuschauen kann Annahme bedeuten, desgleichen verständnisvolle Gesten wie „Daumen hoch" oder der entsprechende Gesichtsausdruck „Mundwinkel hoch".

Kinder müssen in Angelegenheiten, die sie betreffen, nach ihrer Meinung gefragt werden. Kinder sollen mitentscheiden dürfen.

Vertrauen

Ein Kind braucht das Vertrauen in seine Eltern. Es braucht das Urvertrauen, dass sie da sind, hören, sehen und verstehen, was mit ihm ist. Es braucht das Urvertrauen, dass sie ihm zu essen geben, es warm anziehen, es gerne haben und es knuddeln mögen. Es braucht das Urvertrauen, dass man ihm hilft, wenn Hilfe nötig ist: Das heißt, Kinder brauchen die Unterstützung ihrer Eltern bei ihren Welt-Entdeckungsreisen und sollten nicht der Einstellung begegnen „Sieh zu, wie du selber fertig wirst".

Zum anderen brauchen Kinder auch das Vertrauen, dass die Eltern ihre Fähigkeiten und Fertigkeiten anerkennen, denn nur so lernen sie Selbstvertrauen zu entwickeln. Wenn die-

Kinder brauchen das Urvertrauen, dass sie bei ihren Eltern Unterstützung finden.

Wie kann ich das Selbstwertgefühl des Kindes stärken?

ses dadurch entsteht, dass man ihnen etwas zutraut, trägt das beispielsweise wesentlich dazu bei, dass sich in der Schule Erfolg einstellt. So waren Kinder von Eltern, die an deren schulischen Erfolg glaubten, erfolgreicher im Vergleich zu Kindern, deren Eltern kein Zutrauen zur Leistungsfähigkeit ihrer Kinder hatten.

Wenn Eltern das Kind ernst nehmen, kann es sich leichter öffnen und über seine Probleme sprechen.

In einer gegenseitig vertrauensvollen Beziehung kann jeder sicher sein, nicht bespöttelt, belächelt oder verurteilt zu werden, auch wenn über Schwächen, Ängste, über negative, böse, schlechte, verurteilungswürdige Taten oder Gedanken berichtet wird.

In einer solchen Atmosphäre lernt das Kind, sich offen auszudrücken, sich selbst und anderen Menschen zu vertrauen.

Annehmen, Vertrauen und Liebe bilden die Grundlage, auf der sich alles andere erst aufbauen kann.

Feedback und Feedbackregeln

Wenn das Verhalten des Kindes zu wünschen übrig lässt, dann reagieren Sie mit einem „Feedback".

Im Alltag ist es allerdings nicht immer leicht, die Kinder zu lieben, sie anzunehmen und ihnen zu vertrauen, wenn sie Unfug machen. Wie mit diesem Unfug umzugehen ist, ohne dass Eltern Gefahr laufen, das wackelige, sich in Entwicklung befindende Selbstwertgefüge der Kinder zu beschädigen, dazu geben folgende Feedbackregeln wichtige Anregungen.

Doch zuerst ist zu klären: „Was ist Feedback?"

Feedback bedeutet hier die Art und Weise, wie wir Eltern auf das Tun unserer Kinder, auf ihre guten Taten oder aber ihren Unfug reagieren.

- Das Feedback kann ermutigend, unterstützend, aufbauend wirken und zeigen, was richtig ist.

- Das Feedback gibt Begründungen und zeigt von daher, was nicht in Ordnung ist.
- Das Feedback kann Grenzen setzen.
- Das Feedback kann beim Kind Selbsterfahrung fördern.

Sieben wichtige Feedbackregeln

1. Beschreiben Sie, WAS geschah, vermeiden Sie Beschimpfungen, Moralisieren und Geschrei.
2. Geben Sie Ihr Feedback zum aktuellen Verhalten des Kindes und äußern Sie sich nicht zu seiner ganzen Person.
3. Sagen Sie, was Sie in dieser konkreten Situation gesehen haben, was passiert ist, und fangen Sie nicht an zu interpretieren oder zu verallgemeinern.
4. Beschreiben Sie das Verhalten mit Begriffen wie „eher, lieber, mehr, weniger, nicht ganz so, sowohl – als auch" anstatt mit dem Begriff „entweder – oder".
5. Tragen Sie dem Kind Fakten und Ideen vor – geben Sie keine fertigen Lösungen oder Befehle.
6. Geben Sie das Feedback dem Kind, nicht sich selbst.
7. Der beste Zeitpunkt fürs Feedback ist unmittelbar nach dem Ereignis. Es ist aber auch immer noch besser, das Feedback zu einem späteren Zeitpunkt zu geben, als überhaupt keins.

Beispiele zu den sieben Feedbackregeln

Im Folgenden wird anhand von Beispielen typischer Alltagssituationen mit Kindern auf oft zu beobachtende Verhaltensweisen von Erwachsenen eingegangen. Und anschließend werden alternative Möglichkeiten des Feedbacks gezeigt.

1. Beschreiben Sie, WAS geschah, vermeiden Sie Beschimpfungen, Moralisieren und Geschrei.

Situation: Geschwisterstreit bei kleinen Kindern: Der Fünfjährige schlägt seine kleine Schwester.

Oft reagieren wir auf ein solches Verhalten so, dass wir sagen: „Du bist unmöglich. Du bist ein böser Junge, wie konntest du das bloß tun? Deine arme Schwester!"

Man kann aber auch anders reagieren: „Deine Schwester weint. Du hast deine Schwester gehauen und jetzt weint sie. Das tut ihr weh!"

Appellieren Sie mit Ihrer Kritik an das Verständnis des Kindes.

Situation: Der Sohn hat im Halbjahreszeugnis in Mathe eine Fünf.

Reaktion: „Du hast schon wieder eine Fünf im Zeugnis. Das habe ich schon immer gesagt, so wird nichts aus dir. Du bist einfach zu dumm, um es zu kapieren, du bist halt zu blöd für diese Schule."

Die andere Reaktion: „Eine Fünf in Mathe auf dem Zeugnis. Das ist ganz schön enttäuschend. Ich glaube, du bist auch nicht gerade froh drüber? Ich bin sicher, du könntest doch glatt mindestens eine Vier schaffen. Ich würde dir gerne helfen, wenn ich nur wüsste, wie! Was könntest du machen, was könnten wir machen, damit es das nächste Mal besser wird?"

2. Geben Sie Ihr Feedback zum aktuellen Verhalten des Kindes und äußern Sie sich nicht zu seiner ganzen Person.

Bei dieser Feedbackregel ist das Wichtigste, dass Tun und Person auseinander gehalten werden.

Situation: Eine Dreizehnjährige kommt wütend von der Schule nach Hause und tritt gegen die Tür.

Wie kann ich das Selbstwertgefühl des Kindes stärken?

Reaktion darauf: „Du bist ein Idiot!" – „Du bist so was von blöd!"

Die andere Reaktion: „Die Tür zu treten ist idiotisch!" – „Was du im Moment tust, ist so was von blöd!"

Situation: Der Sohn, fünfzehn, verspätet sich bei einer Verabredung.

Reaktion: „Noch nie hast du es geschafft, pünktlich zu sein! Immer kommst du zu spät. Du bist so ein unzuverlässiger Mensch. Wie dein Vater!"

Die andere Reaktion: „Wir waren um 18.00 Uhr verabredet. Es ist Viertel nach. Das ist nicht korrekt! Wie kommt es?"

Mehr nicht. Bei dieser Reaktion sollte es erst einmal bleiben. Der andere kann sich dann eher für sein Verhalten entschuldigen, kann eher erklären, warum er zu spät kommt, als wenn er gleich mit einer Kanonade an Vorwürfen erschlagen wird. Wenn man den „Sündigen" gleich in einem Meer von Beschimpfungen und Vorwürfen ertränkt, wird er wahrscheinlich anschließend gar nichts mehr antworten. So ist die Stimmung garantiert für weitere Stunden im Eimer! Ist man zumindest bemüht, den ersten Weg einzuschlagen, dann klärt sich der Ärger vielleicht sogar schon etwas später!

Eine andere denkbare Reaktion wäre (sofern angebracht): „Ich habe mir die Beine in den Bauch gestanden und bin fast wahnsinnig geworden! Gott sei Dank kommst du. Ich hatte mir schon Sorgen gemacht, ob etwas passiert ist!"

Hier noch ein Tipp für Verabredungen, wenn zu befürchten ist, dass es zur Verspätung kommen kann: Wenn es nur irgendwie geht, dann verabreden Sie sich in einem Café, einer Kneipe oder jedenfalls dort, wo Sie ein Dach über dem Kopf haben, wo es warm ist, wo Sie die Möglichkeit haben zu sitzen, etwas zu trinken, zu essen oder zu lesen. Vermeiden Sie Verabredungen an einer Straßenecke.

3. Sagen Sie, was Sie in dieser konkreten Situation gesehen haben, was passiert ist, und fangen Sie nicht an zu interpretieren oder zu verallgemeinern, d. h. auch, konzentrieren Sie sich auf das WAS, nicht auf das WARUM!

„Das machst du wieder mal aus Eifersucht", „Das machst du nur, um mich zu ärgern."

Solche Bemerkungen sind Unterstellungen und sind in vielen Fällen einfach ungerecht. Im Kind kommen durch solche Äußerungen Oppositionsgeist und Trotz oder Ohnmachtsgefühle auf. Dadurch wird die Konfliktsituation wahrscheinlich eher verfestigt, denn das Kind hat keine Möglichkeit, gegen die festgefahrene Meinung der Mutter oder des Vaters anzukommen.

Auch die Frage „Warum" sollte man in vielen Situationen mit Vorsicht vortragen.

„Warum hast du das gemacht?", „Warum kommst du wieder so spät?" Das „Warum" klingt vielfach vorwurfsvoll und kündet nicht davon, dass man Interesse hat, den wahren Grund des Tuns zu verstehen. Und sobald die Kinder einen Vorwurf hören oder spüren oder wittern, neigen sie dazu, bei sich die Vorhänge zuzuziehen. Ein klärendes Gespräch, in dem ein Lösungsweg gefunden werden könnte, ist dann nicht mehr möglich.

Äußern Sie Ihre Kritik nicht in Form von Vorwürfen.

Ähnliche, immer wieder schnell hingesagte Äußerungen

„Was bist du so langsam?" Wenn man dieses einmal sagt, dann macht das noch keinen Langsamen aus dem Kind, wenn man es aber wöchentlich mehrmals und in verschiedenen Zusammenhängen wiederholt und womöglich noch kombiniert mit Mahnungen aus der Vergangenheit, dann wird Langsamkeit – da man sie beim Kind festgeschrieben hat – zu dessen „Schicksal". Oder: „Mein Kind, was bist du wieder so still",

„Du bist so schüchtern", „Das brauchst du nicht", „Sie sagt nie etwas. Sie ist so ein stilles, braves Mädchen. Sie ist wie die Oma. Sie hat diese Art von Oma geerbt."

Diese Art stetiger Wiederholungen und Festschreibungen hat prägende Wirkung für das entstehende Selbstbild des Kindes. Selbst wenn das Kind langsam oder schüchtern ist, wird es dadurch, dass die Eltern oder andere an diesen Eigenschaften stetig herumnörgeln, nicht lebendiger oder schneller – oft eher umgekehrt. Das Kind fängt an, sich zu schämen und unwohl zu fühlen, und diese Eigenschaften verfestigen sich, egal in welchem Maße sie tatsächlich vorhanden sind oder ob nur durch ständige Zuschreibung erworben. Also wählen Sie lieber den positiven Weg und sagen Sie: „Du kannst auch schnell sein. Du schaffst es schon, du bist ein kluges Kind", denn denken Sie daran: Sprache schafft Wirklichkeit.

4. Beschreiben Sie das Verhalten mit Begriffen wie „eher, lieber, mehr, weniger, nicht ganz so, sowohl – als auch" anstatt mit dem Begriff „entweder – oder".

Lassen Sie sich Alternativlösungen einfallen, anstatt starr etwas durchzusetzen.

Situation: Die vier- und fünfjährigen Söhne stellen das Wohnzimmer auf den Kopf.

Reaktion: „Entweder geht ihr jetzt aus dem Wohnzimmer oder ich schmeiße euch vor die Tür!"

Die andere Reaktion: „Mir wäre lieber, ihr würdet im Kinderzimmer spielen und nicht hier im Wohnzimmer. Ich muss hier gleich sauber machen."

Situation: Es ist noch eine Stunde hin bis zum Schlafengehen. Die Kinder wollen noch zusammen spielen. Sie zanken sich, weil der eine unbedingt noch Play-Station spielen, der andere noch fernsehen möchte, aber keiner die Sache für sich allein tun will.

Es gibt wieder mindestens zwei Möglichkeiten, auf die Situation zu reagieren: Man sagt: „Entweder einigt ihr euch jetzt sofort oder ihr geht sofort ins Bett!", aber das ist mit Druck, Zwang und Androhung verbunden.

Die andere Reaktion: „Ihr könntet doch sowohl fernsehen als auch Play-Station spielen. Zuerst eine halbe Stunde fernsehen und dann eine halbe Stunde Play-Station oder umgekehrt! Wie wäre das?"

Oder eine andere Reaktion: „Wie wäre es mit was ganz anderem, mit einem Brettspiel? Überlegt mal!"

Man sollte grundsätzlich vorsichtig damit sein, mit „entweder – oder" zu reagieren.

Beispiel: Eine Mutter im Elternkurs mit einem dreijährigen Jungen und einer achtzehn Monate alten Tochter sagte ihrem Sohn samstagmittags – nach vielen Anmahnungen –, er solle sein Zimmer aufräumen. Aber alles nützte nichts. Zum guten Schluss zog sie die vermeintliche „Trumpfkarte" aus ihrer Tasche und sagte: „Entweder räumst du jetzt dein Zimmer auf oder wir gehen das ganze Wochenende nicht raus!"

Gesagt, getan! Sie hatte in Erziehungsratgebern gelesen: Eltern sollen konsequent sein. Und sie war es. Sie können sich vorstellen, wie dieser allein erziehenden Mutter am Montag zu Mute war.

Die andere Reaktion mit „sowohl – als auch": „Dein Zimmer ist ganz durcheinander. Das sollten wir aufgeräumt haben, bevor wir rausgehen. Sollen wir nicht schnell zuerst alles zusammen aufräumen und dann raus zum Spielplatz? Komm, wer ist der Erste?"

Oder mal fünf gerade sein lassen und sagen: „O. k., sei es drum, die Sonne scheint so schön," oder: „Weil es heute Samstag ist, gehen wir jetzt zuerst raus und machen den Rest, wenn wir zurückkommen – einverstanden?"

Wie kann ich das Selbstwertgefühl des Kindes stärken?

5. Tragen Sie dem Kind Fakten und Ideen vor – geben Sie keine fertigen Lösungen oder Befehle.

Die Kinder sollen lernen, Lösungen zu entwickeln.

Hier geht es darum, dass wir die Kinder beteiligen, ihnen die Möglichkeit zum Mitentscheiden geben, wo es nur geht, damit sie selber denken lernen, Ideen und Lösungen entwickeln lernen.

Situation: Ein Vierzehnjähriger versucht den defekten Drucker zu reparieren.

Reaktion: „Hör sofort auf! Du machst das Gerät ja noch ganz kaputt. Ich rufe deinen Onkel an! Der kennt sich damit aus." Oder: „Du musst das Gerät sofort morgen ins Geschäft zur Reparatur bringen!"

Die andere Reaktion: „Wenn du jetzt weiterhin das Gerät mit dem Schraubenzieher bearbeitest, dann, befürchte ich, gibt es endgültig seinen Geist auf. Sollen wir nicht lieber morgen im Geschäft fragen, ob sie es noch reparieren können? Oder wir könnten auch Onkel Franz anrufen, ob er einen Rat für uns hat. Was meinst du?"

6. Geben Sie das Feedback dem Kind, nicht sich selbst.

Denken Sie daran, dass Ihre Reaktion vor allem das Kind bestärken soll.

Situation: Meine Tochter Salli besucht die 7. Klasse. Für den folgenden Tag steht eine Englischarbeit bevor. Entgegen ihren Gepflogenheiten akzeptiert sie heute die Nachhilfe ihrer Mutter.

Ich schaffe es diesmal, nicht auszuflippen, ruhig zu bleiben, und kann ihr beim Üben Hoffnung einflößen. Ausnahmsweise hat alles bestens funktioniert.

Eine Woche später berichtet meine Tochter mit leuchtenden Augen, sie hätte eine Zwei in der Englischarbeit.

Und was sage ich, die Fachfrau, die Expertin, die Elternkursleiterin, die fast zehn Jahre diese Feedbackregel hunderte Male anderen beizubringen versucht hat, was kommt da spontan aus meinem Munde? „Ach, wie schön! Wie gut, dass ich mit dir geübt hatte!"

So ist es mit uns Eltern, in der Theorie wissen wir oft alles, und was tun wir in der Praxis?

Die andere Reaktion wäre: „Toll! Ich freue mich so! Wie wichtig, dass du so schön geübt hattest."

Situation: Auf der Klassenfahrt der Tochter war es entgegen der Wettervorhersage doch kalt geworden.

Die Mutter sagt nach der Heimkehr der Tochter: „Siehst du, ich hatte mal wieder Recht, dich an den Wollpullover zu erinnern. Ich hatte doch gewusst, dass es kalt wird!"

Die andere Reaktion wäre: „Es war vernünftig von dir, den Wollpullover mitzunehmen. Es ist dann doch noch kalt geworden."

7. Der beste Zeitpunkt fürs Feedback ist unmittelbar nach dem Ereignis. Es ist aber auch immer noch besser, das Feedback zu einem späteren Zeitpunkt zu geben, als überhaupt keins.

Wenn Eltern unangemessen oder übertrieben auf ihr Kind reagiert haben, dann plagt sie oft ein feiner Zweifel lange hinterher.

Schuldgefühle und schlechtes Gewissen tauchen ins Bewusstsein mit Fragen wie: „War das jetzt vielleicht falsch, was ich gesagt hatte? Hätte ich besser doch nicht zugeschlagen? War ich zu heftig? Hätte ich mein Kind nicht so anbrüllen sollen?"

Wenn Sie an der eigenen Reaktion Zweifel haben, dann bringen Sie sie vor dem Kind zur Sprache.

Oder: Man hat dem Kind zu schnell eine Strafe aufgebrummt. Hinterher ist man dann nicht mehr überzeugt, ob es richtig war. Wie kommt man da wieder raus? Wie wird man sein schlechtes Gewissen wieder los?

Eine Lösung wird oft dadurch blockiert, dass die Eltern mindestens einen der drei folgenden Schlüsselsätze im Kopf festhalten:

- Eltern müssen immer konsequent sein.
- Das kann ich jetzt nicht mehr rückgängig machen.
- Es ist zu spät.

Auch wir Eltern „klammern" uns für uns selbst ganz gerne mal an solche „Schlüsselsätze". Denn es ist nicht einfach, wenn man zugeben muss, dass man auch als Erwachsener Fehler macht. Die andere Frage ist, ob diese Sätze überhaupt so stimmen.

Über die Konsequenz

Eltern sind keine Maschinen, die immer gleichmäßig fehlerfreie Erziehungsleistungen liefern können.

Zu überlegen ist, ob man das Prinzip, man müsse konsequent sein, nicht öfter mal „opfern" und eine aufrichtige Haltung uns selbst und unseren Kindern gegenüber einnehmen sollte.

Dazu gehört eben auch die Stärke, zu seinen Schwächen zu stehen und dafür die Verantwortung zu übernehmen. Das bedeutet auch, dass man seine Fehler nach Möglichkeit korrigieren will.

Das kann man jetzt nicht mehr rückgängig machen

Wenn eine Ohrfeige ausgeteilt wurde, dann ist das in der Tat nicht mehr rückgängig zu machen. Aber man kann sich dafür entschuldigen, dass man seine Beherrschung verloren hat.

Das heißt jedoch nicht, dass man dumme Taten der Kinder gleichzeitig entschuldigt: „Es tut mir Leid, dass ich dich geohrfeigt habe. Ich habe überreagiert. Das war nicht richtig von mir. Aber du hast mir dermaßen schlimme Schimpfwörter an den Kopf geworfen, das hat mich wahnsinnig gemacht. Ich fand das nicht richtig. Das geht einfach nicht, das weißt du doch."

Und dann, wenn alle sich etwas beruhigt haben, die Klärung der Situation, indem Sie sich selbst fragen: „Wie kam es dazu? Was hat mich so wütend gemacht?"

Es ist zu spät

Denken Sie an eine Situation aus Ihrer eigenen Kindheit, wo Sie meinten, Ihre Eltern hätten Sie zu Unrecht bestraft oder schlecht behandelt.

Das haben Sie bis heute nicht vergessen und Sie werden es Ihr Leben lang nicht vergessen. Insofern hat die Feststellung, es ist besser, wenn eine späte Entschuldigung erfolgt als gar keine, schon ihren Sinn.

Es mag sein, dass wir uns selber unnötig mit „unserem" schlechten Gewissen als Eltern plagen, und es kann sein, dass Kinder zu lange Groll mit sich schleppen über die empfundenen und erlittenen Ungerechtigkeiten, wenn wir uns bei ihnen nicht für unsere „Untaten" entschuldigen oder mit den Kindern die Dinge nicht offen klären.

Gerade in den Punkten, wo wir selber gefühlsmäßig unsicher sind, ob das jetzt richtig oder falsch war, ist Klärung verlangt. Hier gilt die Empfehlung: Fragen Sie Ihr Kind! Wer sonst könnte Ihnen eine richtigere Antwort geben?

Denken Sie daran: Wir Eltern dürfen durchaus zu unseren Stärken stehen, sollten uns aber auch unsere Schwächen eingestehen.

Die Eltern dürfen durchaus zu ihren Stärken stehen, aber sie sollten bei sich und bei den Kindern auch die Schwächen akzeptieren.

Wie kann ich das Selbstwertgefühl des Kindes stärken?

Aufgaben

Fragebogen zu unserer Selbsteinschätzung

Dieser Fragebogen soll Ihnen helfen, darüber nachzudenken und einzuschätzen, wie Sie mit anderen umgehen.
- Benoten Sie Ihr Verhalten, zum Beispiel bezogen auf:
  - Ihre Partnerin, Ihren Partner,
  - Ihr „schwierigstes" Kind,
  - Ihr ältestes Kind.
- Sie können auch Ihre Partnerin, Ihren Partner bitten, denselben Bogen ebenfalls auszufüllen.
- Zum Schluss diskutieren Sie gemeinsam darüber, ob Ihre jeweiligen Einschätzungen übereinstimmen bzw. bei welchen Punkten der eine oder andere Veränderungen wünscht.

1. Kann ich mit dem anderen über meine Gefühle sprechen?
   Schlecht   4 3 2 1   Gut
2. Kann ich zuhören?
   Schlecht   4 3 2 1   Gut
3. Kann ich in Alltagssituationen verstehen, warum ich gerade so und nicht anders reagiere?
   Schlecht   4 3 2 1   Gut
4. Kann ich zwischenmenschliche Konfliktsituationen ertragen?
   Schlecht   4 3 2 1   Gut
5. Kann ich Kritik an meinem Verhalten ertragen bzw. einsehen?
   Schlecht   4 3 2 1   Gut
6. Kann ich meiner Meinung Gehör verschaffen?
   Schlecht   4 3 2 1   Gut
7. Mein Verhältnis zu meinem/r Partner/in ist gekennzeichnet durch:
   schwach sein wollen   4 3 2 1   stark sein wollen
8. Kann ich Zuneigung, Anerkennung und Zärtlichkeit empfangen und genießen?
   Schlecht   4 3 2 1   Gut
9. Kann ich Zuneigung zeigen, einen Dank aussprechen, Anerkennung zeigen?
   Schlecht   4 3 2 1   Gut
10. Kann ich äußern, dass ich negative Gefühle habe wie z. B. Wut, Verletztsein, Enttäuschung?
    Schlecht   4 3 2 1   Gut
11. Kann ich meine Fehler einsehen, mich entschuldigen?
    Schlecht   4 3 2 1   Gut
12. Kann ich bei Widerstand in einer Konfliktsituation meine Position vertreten?
    Schlecht   4 3 2 1   Gut

Wie kann ich das Selbstwertgefühl des Kindes stärken?

In diesem Fragebogen sind die Fragen als „Kann ich …?" formuliert. Der interessante Punkt ist aber, ob ich es auch tue.

Versuchen Sie also im zweiten Durchgang bei den Fragen Folgendes zu beantworten: „Hat meine Partnerin, mein Partner bemerken können, dass ich es nicht nur im Prinzip kann, sondern ich mich auch konkret so verhalte?"

Wie sieht das Feedback bei Ihnen aus?
Achten Sie in den nächsten Tagen insbesondere darauf, wie Sie:
- auf Taten und Äußerungen Ihrer Kinder reagieren;
- in welcher Form Sie Ihrem Partner, Ihrer Partnerin Feedback geben;
- welche der sieben Feedbackregeln für Sie die drei wichtigsten sind.

Wie kann ich meinem Kind helfen, wenn es Probleme hat?

Wenn das Kind mit seinen Problemen zu den Eltern kommt, stehen diese manchmal etwas ratlos da. Ist die schnellste Hilfe immer die beste? Es gibt viele verschiedene Reaktionsweisen der Eltern. Im Folgenden werden einige Beispiele aufgezeigt. Es sind oft annehmbare Lösungen zu entwickeln, wenn Eltern die Bereitschaft aufbringen, sich dem Problem des Kindes einfühlsam zu widmen.

Wie kann ich meinem Kind helfen, wenn es Probleme hat?

> **MOTTO:**
> Man kann nicht die emotionalen Probleme des anderen lösen.

Wenn ein Kind auf Probleme emotional reagiert, können Eltern dabei helfen, dass es für sich eine Lösung findet.

Eltern fragen oft uns „Fachleute", was sie tun können, wenn ihr Kind ein Problem hat: wenn es enttäuscht ist, wenn es sich ungerecht behandelt fühlt, wenn es verzweifelt ist, weil Freunde es links liegen lassen, wenn es traurig ist, weil der Vater es nicht beachtet, oder wenn es wütend ist, weil ein Elternteil ein Versprechen nicht eingehalten hat.

Am liebsten würden wir Fachleute die Eltern genauso schnell von ihrem Problem befreien, wie die Eltern das Problem für ihr Kind lösen möchten. Aber leider ist die Problemlösung weder für uns Fachleute noch für die Eltern so einfach aus dem Ärmel zu schütteln.

Wir sind unfähig, das Leiden des eigenen Kindes tatenlos auszuhalten; das scheint Gott sei Dank in das elterliche – zumal in das mütterliche – Knochenmark eingewoben zu sein!

Ist das Kind traurig oder hat es Angst, durchflutet uns Mütter zumeist eine Woge lauwarmen Honigmilchgefühls, womit wir den Kummer des Kindes flächendeckend erst weg und dann weich spülen möchten: „Mein armes Kind, du sollst nicht traurig sein", würden wir am liebsten direkt sagen. Aber hilft das immer?

Bei Wut und Hass des Kindes – Gefühle, die auch eindeutig zeigen, dass das Kind es im Moment schwer hat –, ist unsere elterliche Reaktion schon anders. Keine Honigmilchgefühle mehr. Die zuweilen messerscharfe Gereiztheit steigt auch in uns hoch und möchte die Aggressivität des Kindes kurz und knapp verbieten: „Hör sofort auf! Du hast keinen Grund, wütend sein", möchten wir am liebsten brüllen. Aber ist die Wut durch Verbot zu bändigen?

Was brauchen wir Eltern, um die Kinder unterstützen zu können?

Hier geht es darum, wie wir Eltern unsere Kinder bei der Lösung ihrer Probleme unterstützen können, was hilfreich ist und was nicht, damit die Kinder selbst ihre Antworten entwickeln können.

Was brauchen wir Eltern, wenn wir unsere Kinder unterstützen wollen?
- Die Bereitschaft, das Problem des Kindes ernst zu nehmen;
- die Bereitschaft zuzuhören und verstehen zu wollen;
- Zeit zu überlegen, bevor wir reagieren;
- die Geduld, gemeinsam nach Lösungsmöglichkeiten zu suchen;
- uns muss bewusst sein, dass keiner die emotionalen Probleme des anderen lösen kann.

Indem sich die Eltern zurücknehmen und nicht bestimmen wollen, nehmen sie die Gefühle der Kinder ernst.

Warum eigentlich? Wenn wir starke Kinder heranziehen wollen, müssen wir bedenken, dass zur Stärke des Kindes die Fähigkeit gehört, für seine eigenen Probleme selber Lösungswege entwickeln zu dürfen und zu können.

Dazu brauchen Kinder Zeit und Ruhe. Als Erstes müssten wir uns selbst bremsen lernen, wenn wir wieder mal emsig dabei sind, für unsere Kinder das Leben glatt zu bügeln und deren Probleme für sie zu lösen.

Daher sollten sie von klein an die Möglichkeit haben, Dinge auszuprobieren und Erfahrungen zu sammeln. Obwohl wir es wohl meinen, schneiden wir Erwachsenen ihnen zu oft die Erfahrungsgrundlage ab. Probleme müssen und können häufig nicht von jetzt auf gleich gelöst werden.

Indem wir Erwachsenen uns zurücknehmen, nehmen wir die Gefühle der Kinder ernst. Dies ist zum einen ein Zeichen von Respekt gegenüber der Persönlichkeit unseres Kindes.

Zum anderen zeigt es Vertrauen in die Fähigkeiten des Kindes.

Wenn wir nicht vorpreschen, zeigen wir ihm, dass wir ihm zutrauen, Probleme anzugehen und manchmal auch Situationen, für die es keine Lösungen gibt, auszuhalten.

Je stärker und schneller wir Eltern uns bei der Lösung der Probleme unserer Kinder einschalten, desto schwächer werden unsere Kinder.

Wie reagieren wir, wenn das Kind Probleme hat?

Die Eltern sollen sich über die Bedeutung ihrer Reaktionen bewusst sein, wenn das Kind mit Problemen zu ihnen kommt.

Wenn die Eltern die emotionalen Probleme des Kindes nicht lösen können, bedeutet das nicht, dass sie das Kind mit seinen Problemen allein lassen sollten. Hier geht es aber darum, wie die Eltern reagieren, wenn das Kind mit seinem Problem zu ihnen kommt.

Wie so oft, ist die Lösung auch hier wieder einmal nicht: entweder ab sofort alles tun oder gar nichts tun.

Es gibt wie immer viele Möglichkeiten. Eine, die sich sehr häufig ergibt, ist: Wir scheuchen das Kind erst mal sonst wohin, weil wir keine Zeit oder keine Lust haben oder weil uns das, was wir selber gerade tun – aus unserer Perspektive betrachtet –, wichtiger ist oder das Problem des Kindes in unseren Augen „Kleinkram" ist.

Die zweite Möglichkeit, mehr oder minder ähnlich wie die erstgenannte, ist, wir trösten das Kind ganz flott über das Problem hinweg: „Ach komm, ist doch nicht so schlimm", „Es wird schon werden", „Morgen ist alles schon wieder viel besser", „Nimm es doch nicht so ernst".

Oder wir hören dem Kind gar nicht erst zu, und das bezieht sich nicht nur auf Probleme. Wie oft kreisen unsere Gedanken um die kochenden Kartoffeln, um die Verabredung am Abend oder um den unerledigten Anruf; unsere Aufmerksamkeit ist nicht da, wo sie sein sollte, beim Kind.

Sieben typische Reaktionsweisen

Also schauen wir uns einmal an, was wir tun und was wir tun könnten, wenn das Kind mit einem Problem zu uns kommt.
Mindestens *sieben typische Reaktionsweisen* lassen sich beobachten:
1. Bestimmende Reaktionsweise
2. Interpretierende Reaktionsweise
3. Ignorierende, resignierende Reaktionsweise
4. Hinwegtröstende Reaktionsweise
5. Unkritische Reaktionsweise
6. Analysierende Reaktionsweise
7. Verstehende, einfühlsame Reaktionsweise

Auch wenn hier von Reaktionsweisen gesprochen wird, ist es wichtig, daran zu denken, dass unsere Reaktion häufig Ausdruck unserer Einstellung, unserer Haltung ist. Überprüfen Sie bitte, ob Sie bei den im Folgenden beschriebenen Reaktionsweisen sich irgendwo wiedererkennen können.

Am Beispiel der folgenden Situation, die in Familien im Laufe der Entwicklung von Kindern auftaucht, werden die sieben typischen Reaktionsmöglichkeiten aufgezeigt.

Beispiel I („Ich gehe nie wieder in die Schule")

Situation: Es ist morgens halb acht. Ihr Kind macht einen gequälten Eindruck, druckst herum und jammert: „Ich gehe nicht in die Schule. Scheiß Schule! Ich gehe da nie wieder hin!"

1. Bestimmende Reaktionsweise

„Rede doch nicht so einen Quatsch. Natürlich gehst du morgen wieder hin. Alle Kinder müssen in die Schule."

2. Interpretierende Reaktionsweise

Die interpretierenden Eltern sind mächtiger, sie gebärden sich als „Alleswisser".

„Ich kenne dich doch, du hast bestimmt wieder irgendetwas angestellt. Du hast bestimmt nicht deine Hausaufgaben gemacht", „Du hast bestimmt wieder mal deine Lehrer geärgert."

Für die interpretierende Reaktionsweise ist typisch, dass es von Seiten der Eltern Unterstellungen und Interpretationen gibt. Ihr liegt die Einstellung zugrunde, dass ich als Mutter oder Vater das Kind durchschauen kann. Dies verunsichert in hohem Maße das Kind. Es kann nicht mehr in Ruhe über seine Beweggründe nachdenken und fühlt sich nicht verstanden, höchstens ertappt und oft zu Unrecht beschuldigt. Die Eltern sind stärker und mächtiger, sind eine Autorität für das Kind, sodass das Kind sich nicht zur Wehr setzen kann. Was bleibt ihm da noch übrig, als sich zu verschließen oder „den Hund zu treten"? Gerade Kinder machen oft die bittere Erfahrung, dass sie mit ihren Meinungen und Erklärungen gegenüber ihren Eltern den Kürzeren ziehen.

Unterstellungen und Interpretationen, die aus elterlichem Blickwinkel ihre Berechtigung zu haben scheinen, sind in Sätzen enthalten wie:
- „Das machst du doch nur aus purem Egoismus."
- „Das machst du doch nur, weil du auf dein Geschwister eifersüchtig bist."
- „Das machst du doch nur, um mich zu ärgern."

3. Ignorierende, resignierende Reaktionsweise

„Ist mir doch egal. Mach, was du willst. Das ist nicht mein Problem!"

Jeder, der diesen Satz schon einmal gehört hat, weiß, wie übel er ist. Das Kind wird dadurch nicht nur mit seinem Problem im Regen stehen gelassen, sondern das bedeutet aus der Sicht des Kindes eine völlige Abweisung.

Der Satz „Mach, was du willst" gehört neben dem „entweder – oder" in die Verbannungskiste der Erziehung. Gerade in der Pubertät saugen Kinder diesen Satz auf und nutzen ihn aus Trotz als Erlaubnis für jeden Unfug. Und – noch schlimmer – sie nehmen ihn oft als schmerzlichen Beweis dafür, dass sie ihren Eltern „scheißegal" sind. Nachhaltige Kränkung kann die Folge sein. Wenn wir Eltern vermeiden wollen, dass unsere Kinder uns eines Tages mit derselben Haltung begegnen, müssten wir solche „Ausrutscher" dem Kind gegenüber klar erkennbar bedauern und erklären, wie es dazu kam.

Ignorierende Eltern kränken das Kind und lassen es allein.

4. Hinwegtröstende Reaktionsweise
„Ach, du Arme. Jeder hat mal einen schlechten Tag! Morgen sieht die Welt wieder anders aus. Du musst nicht traurig sein."

Die hinwegtröstende Art hat schon etwas Schönes, Beruhigendes, Verständnisvolles, Liebes, Warmherziges. Auf diese Art zu reagieren ist in Ordnung, wenn das Kind für sein „Unglück" in der Tat nichts kann, wenn es Trauer trägt, wenn es krank ist, wenn ein „Unfall" passiert ist oder Ähnliches mehr. Wenn wir andere über deren Probleme hinwegtrösten wollen, meinen wir es letztendlich gut und wollen aufrichtig dem anderen helfen. Aber – rufen wir doch einmal eine Situation in unsere Erinnerung, wo wir enttäuscht oder wütend waren, und es hat uns jemand nach dem Motto getröstet: „Mach dir nichts daraus, es ist ja nicht so schlimm. Es wird schon wieder gut." Hatte uns das geholfen?

Trost allein, wie gut gemeint auch immer, hinterlässt häufig ein unbefriedigendes, fahles Gefühl.

Hinwegtrösten verharmlost das Problem.

Wenn meine Gefühle mich so richtig mächtig im Griff haben und einer daherkommt mit: „Kopf hoch, ist alles nicht so schlimm!", was würde ich da am liebsten tun?

Wenn das Kind den Eindruck hat, dass seine Gefühle nicht ernst genommen werden, dass sein Problem verharmlost wird, kann es das so verstehen: „Ich bin nicht wichtig. Ich bin nicht richtig, ich bin irgendwie falsch, doof und schwach."

Kommen auch noch häufiger Kritik, Beschimpfungen oder andere Erniedrigungen durch die Eltern dazu, dann erzeugen solche Situationen bei dem Kind das Gefühl, es ist klein und bedeutungslos – ein Gefühl, das die Entwicklung eines starken Selbstwertgefühls bremst.

Mit Nachdruck möchte ich aber klarstellen, dass es hier nicht darum geht, jegliches Trösten unterbinden zu wollen, nicht mal das Hinwegtrösten. Trost ist wichtig und er muss sein, er ist ein Zeichen der Annahme des Kindes in seinem Schmerz. Ist ein Kind beispielsweise hingefallen und hat sich wehgetan, sind Trost und Anteilnahme „wunderheilsam".

5. Unkritische Reaktionsweise

„Bei dieser Schule wundert mich es nicht, dass du nicht hingehen willst. Es ist auch eine blöde Schule. Wenn ich diese Lehrerin hätte, ginge ich auch nicht hin, die hat ja eine Macke."

Bei der unkritischen Reaktionsweise bleibt das Problem im Hintergrund versteckt, denn es wird nicht nachgefragt.

Die unkritische Reaktionsweise beinhaltet eine voreilige Übernahme der Gefühle und des Standpunkts des Kindes nach dem Motto: „Das Kind hat in allem, was es sagt, tut und fühlt, Recht." Mit dem anderen gefühlsmäßig „baden gehen" ist verführerisch. Es erzeugt große Nähe und oft gibt es uns Eltern auch ein Gefühl von großer Stärke. Für das Kind mag es vorerst tröstlich erscheinen, wenn die Eltern in dasselbe Boot springen. Es kann ihm ein Gefühl der Zusammengehörigkeit und des Schutzes geben. Es hat die Eltern voll und ganz, ohne

Wenn und Aber, auf seiner Seite. Die Eltern sind parteiisch nur für „mich".

Das Problem bleibt bei der unkritischen Reaktionsweise im Hintergrund versteckt, denn das Kind bleibt weiter allein mit seinem Problem. Wenn die Eltern nicht nachfragen, muss das Kind den Eindruck gewinnen, dass sie kein Interesse für das Entstehen des Problems und auch nicht für seine Lösung haben.

Die unkritische Reaktionsweise ist oft anzutreffen. Sie kann zur Folge haben, dass beim Kind Gefühle der Leere und Hilflosigkeit entstehen; es kommt zu dem Schluss, dass es nichts bringt, den Eltern etwas von sich zu erzählen.

Bei der unkritischen Reaktionsweise ist außerdem zu beachten: Wenn wir zu schnell und ohne nachzudenken den Blickwinkel des Kindes übernehmen und uns seine Gefühle zu Eigen machen, ist die Gefahr groß, dass wir blinde Aktionen durchführen. Das kann bedeuten, dass wir kurzerhand Betroffene beschuldigen und dabei übersehen, dass wir das Problem des Kindes dadurch noch vergrößern können. Vor allem würden wir uns bei diesem Vorgehen wieder einmal so verhalten, dass wir das Problem – auf unsere Art – für das Kind lösen wollen und dem Kind nicht die Möglichkeit geben, mitzudenken und mitzuentscheiden.

Kinder sind, mehr als wir denken, in der Lage, ihre „Aufregungen" selber zu regeln, wenn wir ihnen zuhören, ihren Dampf abfangen und ihnen beim Sortieren helfen.

6. Analysierende Reaktionsweise
„Was ist denn los? Ist etwas passiert? Erzähl mal!"

Die analysierende Art beinhaltet:
- die Fragen zu stellen, was, wann, wo, wie geschah und wer beteiligt war;

- keine vorgefasste Meinung zu haben;
- keine Vorwürfe zu erheben;
- das Interesse haben herauszufinden, was passiert ist.

Die analysierende Art eröffnet die Möglichkeit, das Geschehene nochmals in Ruhe zu erzählen, es durchzugehen und dabei alles zu sortieren. So kann sie dem Kind behilflich sein, seine eigenen Schlüsse zu ziehen, sodass es selber den Ausweg aus seiner Problemsituation finden kann.

7. Empathische, einfühlsame Reaktionsweise
„Es scheint mir, als ob du sehr sauer wärst."

Einfühlsam zu reagieren beinhaltet in erster Linie, dass wir Eltern Bezug nehmen auf das Befinden des Kindes, d. h. wir sagen, was wir sehen und zu verstehen glauben. Wir sollten zurückhaltend bleiben und nicht direkt mit unseren eigenen Wertungen anfangen.

Empfehlenswert für eine vertrauensvolle Beziehung ist die Kombination aus analysierender und einfühlsamer Reaktion.

Sie ist wohltuend für alle Beteiligten und befreit von dem Druck, irgendeine Lösung direkt aus dem Ärmel schütteln zu müssen. Sie gibt Zeit, die Situation zu analysieren, und ermöglicht dem Kind – mit Unterstützung der nicht verurteilenden, wertenden oder kritisierenden Eltern –, sich auf die Suche nach der Problemlösung zu begeben.

Einfühlsam, aktiv zuhören und gemeinsam nach Lösungen suchen

In Problemsituationen sind Einfühlungsvermögen, aktives Zuhören und das gemeinsame Suchen nach Lösungsmöglichkeiten eine grundlegende Erfahrung und Hilfe für das Kind.

Einfühlungsvermögen bedeutet die Fähigkeit, sich in den anderen hineinzufühlen, den Gefühlszustand des anderen auch hinter widersprüchlichen Aussagen erspüren zu können und ihn zu verstehen versuchen. Es ist nicht immer einfach, die Gefühle des Kindes anzunehmen, besonders dann nicht, wenn sie sehr unterschiedlich von den eigenen Empfindungen sind.

Der aktiv und einfühlsam Zuhörende gibt dem Kind die Möglichkeit, selber seine Gedankengänge zu sortieren und weiter zu entwickeln und fordert den anderen nicht heraus, sich verteidigen zu müssen.

Zuhören erfordert Zeit und Lust, sich dem Kind zur Verfügung zu stellen. Wenn man keine Zeit hat, soll man es ehrlich sagen und einen passenden Zeitpunkt vereinbaren.

Einfühlsames Zuhören kann schon annehmendes Schweigen sein: Man lässt den anderen erzählen. Der Zuhörende kann den Erzählenden mit einfachen, kleinen Worten wie „aha, hm, erzähl weiter, und dann, allerhand, klingt ja schlimm" usw. ermutigen weiterzuerzählen, wenn das Kind beim Erzählen ins Stocken geraten ist. Wichtig ist zudem, dass der Zuhörende ab und zu das Kind fragt, ob er es auch richtig versteht, damit keine falschen Interpretationen entstehen. Das Nachfragen zeigt außerdem, dass ich als Mutter oder Vater zuhöre und nicht mit meinen eigenen Gedanken woanders bin.

Ziel des aktiven, einfühlsamen Zuhörens ist, dass das Problem des Kindes für alle Beteiligten verstehbar wird. Erst danach kann die Suche nach Lösungsmöglichkeiten beginnen.

Fragen wie z. B. „Und wie geht es jetzt weiter?", „Wie könnte ich dir helfen?", „Was könnten wir jetzt tun?", „Hast du eine Idee, was du oder was wir jetzt machen sollten?" leiten die gemeinsame Suche nach Lösungsmöglichkeiten ein.

Hilfreich sind hierbei auch weitergehende Fragen, z. B. „Was würde passieren, wenn du das probieren würdest?", „Angenommen, du würdest das ... oder das ... tun, wie wäre

Wenn Eltern einfühlsam zuhören, geben sie dem Kind die Möglichkeit, seine Gedankengänge zu sortieren und sich selbst weiterzuentwickeln.

die Reaktion?" Diese hypothetischen Fragen unterstützen den Prozess der Lösungsfindung, da sie die unterschiedlichen Lösungsschritte auf der Fantasieebene erst einmal durchspielen. Dies hilft, Ängste zu vermindern, und schafft oft in erstaunlicher Weise Klarheit.

Aktives, einfühlsames Zuhören setzt wiederum Zutrauen und Vertrauen voraus: Trauen Sie Ihrem Kind zu, dass es seine eigenen Probleme altersgemäß angeht und damit fertig wird! Dazu braucht es – von Fall zu Fall – mehr oder minder die Unterstützung der Eltern: bei kleineren Problemen eventuell überhaupt nicht, bei größeren, wie z. B. massiven familiären Krisen, Trennungen oder Gewaltproblemen, dafür aber umso mehr. Bei so schwer wiegenden Problemen ist oft noch eine zusätzliche professionelle Hilfe notwendig.

Manchmal kann es tröstlich sein, wenn man sich in Erinnerung ruft, dass auch Gefühle der Kinder sich ändern: aus Hass kann Liebe, aus Verzweiflung Hoffnung werden.

Trauen Sie Ihrem Kind zu, dass es seine Probleme selbst lösen kann, und unterstützen Sie es dabei.

Weitere Beispiele typischer Situationen und die erwähnten typischen elterlichen Reaktionsweisen

Noch einmal *Beispiel I („ Ich gehe nie wieder in die Schule")*

Sallis morgendlicher Schulboykott
Eines Morgens bei uns am Frühstückstisch war es so weit. Auch bei uns fiel der Satz: „Blöde Schule. Ich mag nicht hingehen. Ich gehe nie wieder in die Schule." Und wie es immer bei diesen Sätzen ist, fallen sie in der Regel fünf Minuten vorher. Diesmal war unsere Tochter, acht Jahre alt, gnädig, der Satz fiel eine viertel Stunde bevor wir alle aus dem Haus mussten.

Weitere Beispiele typischer Situationen und elterliche Reaktionen

Also fing ich an, sie mir anzuschauen, fing an, einfühlsam zuzuhören, um den Sinn hinter ihren Worten zu erahnen. Was für einen Eindruck machte sie, war sie wütend? Nein. War sie aufmüpfig? Nein. Ängstlich? Nicht direkt, aber in dieser Richtung. Sie war eher bedrückt, leicht quengelig, betrübt.

„Ach du je, du willst nicht in die Schule gehen. Wie kommt das?"

Keine Antwort.

„Du machst irgendwie so einen bedrückten Eindruck, kann es sein?"

Keine Antwort.

„Hm, ist denn da in der Schule was los gewesen?"

Keine Antwort.

„Hast du Ärger mit der Lehrerin gehabt?"

„Nee."

„Hat jemand im Hof dich geärgert?"

„Nee."

Es gelang mir diesmal an dieser Stelle noch, durchaus ruhig zu bleiben, nicht ungeduldig zu werden und eher vor mich hin laut denkend weiter zu sinnieren:

„Na, Mensch, was kann es denn sein? Hast du vielleicht irgendetwas nicht verstanden im Rechnen oder Deutsch oder so?"

„Nee."

„... oder hast du irgendetwas vergessen, deine Hausaufgaben, oder Sportzeugs oder etwas?"

„Nee."

„Aber ich sehe, dass dich irgendetwas bedrückt. Und zwar so viel, dass du nicht in die Schule gehen willst. Was kann es denn bloß sein? Ich kann dir so wenig helfen, wenn ich nicht weiß, was es denn sein könnte, mir fällt bald nichts mehr ein. Was könnte es denn noch sein? Kannst du mir etwas weiterhelfen, dich zu verstehen?"

Wie kann ich meinem Kind helfen, wenn es Probleme hat?

Unerwartete, rätselhaft erscheinende Reaktionen eines Kindes können ganz konkret begründet sein.

Lange Pause, dann zögerlich und ganz leise: „Hm, da war, da war ... so ... so ein Mann ..."

Ein Mann! Die Antenne des Kinderschützers fuhr hoch am Nacken. Gerade in den letzten Monaten waren alle wegen der Dutroux-Affäre und wegen der brutalen, teilweise tödlichen Missbrauchsfälle in der Öffentlichkeit hoch sensibilisiert. Ich auch!

„Ein Mann, was für ein Mann?", versuchte ich mit so normaler Stimme, wie es irgendwie ging, zu fragen.

„Na, den kennst du doch, der Rothaarige, der Alte mit dem Hund."

„Ja, den kenne ich. Was ist mit ihm? Hat er dir etwas getan?"

„Nee, nicht so direkt, aber ..."

Und dann brach es aus ihr raus wie die Gewässer aus einem gebrochenen Damm: „Aber weißt du, wir haben ihn immer früher mit Johanna geärgert und damals hat er uns gedroht, er hat gerufen: ‚Passt bloß auf, wenn ich euch eines Tages erwische, dann werdet ihr was erleben!' Ja ich weiß,

Weitere Beispiele typischer Situationen und elterliche Reaktionen

das war unsere Schuld, wir haben ihn ja geärgert, aber jetzt habe ich ihn gestern wieder da auf dem Schulweg gesehen, mit dem Hund, und jetzt, jetzt wag ich nicht mehr in die Schule zu gehen."

Die Situation war klar. Johanna, die Schulfreundin, war nach Bonn umgezogen, und nun musste Salli alleine den Weg gehen. Es war nun nichts mehr mit diesem „mutigen Spielchen", den Mann zu ärgern, und nun hatte sie Angst, zu Recht oder Unrecht, mag dahingestellt sein.

So weit, so gut. Erstmals war es anscheinend durch eine ruhige, annehmende Atmosphäre, frei von wertenden Fragen und Unterstellungen, der Tochter gelungen, den Grund für ihre Schulverweigerung herauszufinden und ihre Angstgefühle frei erzählend ans Tageslicht zu bringen.

Aber nun hatte ich ein Problem: Inzwischen war es zehn vor acht. Die Lösung war noch lange nicht in Sicht. Mir fiel nichts ein! Schon wieder versiegten die Quellen der Erkenntnis.

Also dachte ich eine Runde laut; mein letzter Strohhalm, wenn es schwierig wird und wenn mir nichts mehr einfällt. Dabei kommt mir immer wieder die rettende Frage über die Lippen, die mir und dem Kind Zeit gibt, zu überlegen und nachzudenken:

„Was können wir nun machen?" – „Hm, was machen wir bloß ... mit diesem Mann?" – „Fällt dir denn etwas ein?"

„Nee."

„Ich kann gut verstehen, dass du jetzt in der Klemme bist, Menschenskind – aber wie kriegen wir das denn bloß hin? Ich kann dich jetzt nicht immer in die Schule bringen. Heute ginge das vielleicht noch, aber er kann dir immer wieder auf der Straße begegnen."

Etwas unbeholfen antwortete ich – aber es war das Einzige, was mir in diesem Augenblick einfiel, und nicht mal in meinen eigenen Augen überzeugend, geschweige denn einleuchtend: „Auf jeden Fall kannst du ihm schon mal sagen, wenn er was von dir will, kommt deine Mutter, und die kann brüllen wie eine Löwin, und dass dein Vater ein alter Karate-Mann ist."

Kaum hatte ich meinen Satz ausgesprochen, sprang Salli hoch und schrie laut: „Mensch, es ist ja schon zehn vor, ich muss in die Schule! Tschüss, Tschüss!", und weg war sie.

Ich blieb verdattert zurück und fragte mich, was denn des Rätsels Lösung gewesen war:

Das Kind kann sich öffnen, wenn man einfühlsam zuhört, sogar wenn es Schuld trägt; dadurch wird es auf den Weg geführt, eigene Probleme zu erkennen.

War es die löwenstark brüllende Mutter oder der Karate-Vater? Oder war es die Tatsache, dass die achtjährige Salli ihre Angst hat ausdrücken können und dürfen und dass sie trotz der „eigenen Schuld", den Mann geärgert zu haben, nicht an den Pranger gestellt wurde? Der wichtigste Punkt, so scheint mir, war, dass ich mich ihres Problems und ihrer Ängste und Untaten angenommen hatte und Salli dadurch, und weil sie sich aussprechen durfte, vom Würgegriff der Angst befreit wurde. Bemerkenswert ist, es gab keine „richtige" Lösung; und trotzdem war sie in der Lage, selbst diesen Situationsknoten zu lösen. Und noch wichtiger, das Ganze dauerte in der Tat nicht länger als fünf bis sieben Minuten.

Wie lange hätte es gedauert, wenn ich mit dem Satz angefangen hätte: „So ein Quatsch, natürlich gehst du in die Schule." Oder wie lange hätte sie ihre Angst in sich getragen, wenn ich mit dem Satz angefangen hätte: „Was hast du wieder angestellt?" Oder: „Dann bleibe zu Hause, ruh dich aus, hat ja jeder mal die Nase voll von der Schule." Oder: „Komm, morgen sieht alles wieder viel besser aus."

Oft bringen Eltern in den Kursen den Einwand, sie hätten morgens keine Zeit für lange Diskussionen. Es geht nicht um lange Diskussionen. Ich behaupte, mit gezielten drei bis fünf Fragen gewinnt man nicht nur viel Zeit, sondern schont auch die Nerven. Die Wahrscheinlichkeit, eine für alle Beteiligten

Weitere Beispiele typischer Situationen und elterliche Reaktionen

annehmbare Lösung zu finden, ist um ein Vielfaches höher, wenn man sich in solchen Situationen nicht unter Druck setzt, sofort eine Lösung finden zu müssen, sodass z. B. nicht Folgendes passieren muss: das Kind mit Zwang in die Schule zu kommandieren und damit einen Streit und Heulkrampf zu riskieren oder ein widerspenstiges Kind gegen seinen Willen ins Auto zu zerren oder gar ein heulendes Bündel allein zu Hause zurückzulassen oder was auch immer.

Und das Kind geht von dannen in der Gewissheit, zuverlässige Eltern zu haben, denen man auch schlimme Dinge anvertrauen kann, ohne dass sie direkt mit Vorwürfen anfangen, böse werden oder in Panik geraten.

Wäre ich eine Mustermutter, hätte ich am gleichen Morgen mit Salli zusammen diesen Mann aufgesucht und versucht, die beängstigende Situation gemeinsam aufzuklären. Nun – so eine Mustermutti war ich nicht!

> **Wichtiger Hinweis**
> Es geht hier nicht um drei oder fünf Zauberfragen, die als solche die Kraft besäßen, Probleme zu lösen. Das aufrichtige Interesse, zumindest der Versuch, das Kind zu verstehen, ist Grundvoraussetzung neben der Bereitschaft, sich bewusst Zeit für die Problembesprechung zu nehmen. Man kann lernen, wie man die Zeit organisiert. Schwerer ist es manchmal, seine Gefühle und Gedanken voll auf das Kind zu konzentrieren und sich selbst zurückzuhalten.

Beispiel II („Die Kinder wollen nicht mit mir spielen")

Kind: „Samuel und Tina sind total blöd. Die wollen nicht mit mir spielen. Ich will nie wieder mit denen Freund sein."

Wie kann ich meinem Kind helfen, wenn es Probleme hat?

Interpretierende und bestimmende Reaktionsweise
Vater: „Kannst du denn nie ohne Ärger mit den anderen spielen? Was hast du denn schon wieder gemacht? Du wolltest sicherlich wieder alles bestimmen! Komm, geh jetzt hin und vertragt euch!"

Hinwegtröstende Reaktionsweise
Vater: „Ach komm, ist ja nicht so schlimm. So etwas passiert allen schon mal. Zu dritt ist es sowieso immer schwierig. Sei nicht traurig darüber, suche dir einfach andere Freunde!"

Einfühlsame und analysierende Reaktionsweise
Vater: „Ach je! Was ist da los gewesen? Du scheinst ja richtig ärgerlich über Samuel und Tina zu sein!
Kind: „Die haben zuerst gesagt, ich soll mit denen spielen, und dann wollten die aber gar nichts spielen."
Vater: „... sondern, was wollten die denn?"
Kind: „Die wollten nur fernsehen."
Vater: „Aha ... und du?"
Kind: „Ich wollte, dass wir mit den Legos die Burg bauen."
Vater: „... und dann gab es Streit, oder?"

Weitere Beispiele typischer Situationen und elterliche Reaktionen

Kind: „Ja, die haben mir gesagt, ich könnte ja alleine bauen oder nach Hause gehen!"
Vater: „Ach du je! Klingt ja gar nicht schön!"
Kind: „Nee ..."
Vater: „Und dann?"
Kind: „Hm ... ach ..."
Vater: „Gibt es da noch etwas, du guckst noch so bedröppelt, ... so als ob dich noch was bedrücken würde?"
Kind: „Ja ..."
Vater: „Na, erzähle mal ruhig, ich schimpfe schon nicht."
Kind: „Bestimmt nicht?"
Vater: „Versprochen!"
Kind: „... dann bin ich ins Zimmer gegangen und habe den Turm von der Burg kaputt gehauen und dann bin ich gegangen."
Vater: „... Menschenskind, so sauer warst du?"
Kind: „Ja!"
Vater: „Ich kann es schon verstehen, dass du sauer warst! ... Aber jetzt ist der Turm kaputt!! ... Du scheinst ja selber nicht glücklich über den kaputten Turm zu sein?"
Kind: „Nee."
Vater: „Und nun ... wie könnte es jetzt weitergehen?"
Kind: „Weiß ich nicht!"
Vater: „Überleg mal! ... Fändest du das in Ordnung, das einfach jetzt so zu lassen?"
Kind: „Nee."
Vater: „Ich auch nicht."
Kind: „Meinst du, ich könnte da anrufen und sagen, ich käme morgen vorbei, den Turm wieder aufbauen?"
Vater: „Gute Idee, tu das!"

Wäre dem Kind keine eigene Lösung eingefallen, hätte der Vater immer noch Vorschläge machen können, sich aber jedenfalls um die Klärung der Situation kümmern müssen.

Gerade wenn Kinder ungewöhnlich reagieren, sollte man sie nicht allein lassen. Es kann sein, dass sie hierdurch Rat suchen.

Aufgabe: Einfühlsames, aktives Zuhören

- Hören Sie in den nächsten Tagen Ihrem Kind ganz bewusst einfühlsam zu.
- Beobachten Sie genau, welche Wirkung das einfühlsame, aktive Zuhören hat.
- Versuchen Sie herauszufinden, wie das einfühlsame Zuhören zur Lösung der Problemsituation beiträgt.

Was mache ich, wenn ich Probleme habe oder: Wie drücke ich meine Bedürfnisse aus?

Durch Ich-Botschaften lässt man die anderen wissen, in welchen Konflikt man durch ihr Verhalten gerät. Wer aussprechen kann, was er fühlt, ist vor Überreaktionen geschützt.

Was mache ich, wenn ich Probleme habe?

> **MOTTO:**
> Fangen Sie in einer Konfliktsituation bei sich selber an und erwarten Sie nicht, dass der andere sich zuerst verändert.

Wenn es um Probleme in der Familie geht, sollten wir Eltern uns Zeit nehmen und sortieren, um wessen Probleme handelt es sich eigentlich: sind es meine, sind es die des Partners oder der Partnerin, die der Kinder oder sind es solche, die alle gemeinsam angehen? Davon ist abhängig, mit wem wir den Bearbeitungsprozess beginnen.

In diesem Kapitel geht es darum, was mache ich als Mutter oder Vater, wenn ich Probleme habe, womit hängen sie zusammen? Es geht darum, welche Bedürfnisse habe ich selbst und was passiert, wenn sie nicht befriedigt werden? Wie drücke ich mich aus? Wissen die anderen überhaupt, was für mich wichtig ist und warum? Wie reagieren die anderen und welche Möglichkeiten für eine bessere Verständigung gibt es?

Die Bedürfnisse der Eltern

Die moderne Familie ist in hohem Maße eine Verhandlungsgemeinschaft. Weder die Eltern noch die Kinder lassen sich herumkommandieren und mit Zwang und Druck behandeln.

Auf der elterlichen Rangliste stehen sicher Schlaf, Ruhe, Liebe und Zärtlichkeit, Anerkennung und Respekt, etwas Sinnvolles und Schönes zu tun ganz oben. Die Punkte auf dieser „Liste" sind absolut wertfrei zu betrachten, sodass es nicht darum geht, ob sie richtig oder falsch sind; sie sind einfach da und es gilt, sie den anderen Familienmitgliedern verständlich zu machen, aber sie den anderen auch zu gönnen!

Vieles im heutigen Familienleben dreht sich in allen Entwicklungsphasen mehr oder minder darum, wer kommt wann und wie auf „seine Kosten", auf wessen Bedürfnisse wird in welchem Ausmaß Rücksicht genommen. Einer der Dauerkonflikte in Familien rührt daher, ob und wie die Eltern den organisatorischen Salto zwischen elterlichen Pflichten, beruflichen Anforderungen und Freizeitwünschen geregelt bekommen.

Für Kinder stellt sich eine ähnliche Frage: Wie bekommen sie Schule, Freunde, Hobbys und Familienleben unter einen Hut? Richtet sich in erster Linie alles danach, was Mutter und Vater brauchen, oder wird das Leben der Familie um die Termine der Kinder organisiert?

Streit und Klärung darüber, was jeder Einzelne möchte, das Verhandeln, die Vereinbarung von Kompromissen, damit keines der Familienmitglieder sich auf Dauer zu kurz gekommen fühlt, gehören heute zu den mitunter schwierigsten Aufgaben im Familienalltag.

Die moderne Familie ist somit in hohem Maße eine Verhandlungsgemeinschaft. Weder wir Eltern noch unsere Kinder lassen sich herumkommandieren und mit Zwang und Druck behandeln. Dies stellt an alle Familienmitglieder neue Anforderungen ans Verhalten.

Reaktionen, wenn meine Bedürfnisse nicht befriedigt werden

„Ich krieg zu viel!"
Wenn uns Eltern der organisatorische Salto nicht gelingt, wir „zu viel kriegen" oder wenn es uns in mancher Lebensphase nicht gegönnt ist, auf „unsere Kosten" zu kommen, wenn unsere Bedürfnisse in Vergessenheit zu geraten drohen, dann beginnen Frustrationen aufzuquellen. Ein Gefühl von „Ich bin immer für alles alleine zuständig" macht sich breit. Müdigkeit, Lustlosigkeit, Unzufriedenheit und schließlich Wut sind oft die Folgen.

Hauptverursacher von Konflikten ist oft der Spagat zwischen elterlichen Pflichten, beruflichen Anforderungen und Freizeitwünschen.

Was mache ich, wenn ich Probleme habe?

Besonders in der Entwicklungsphase des Kindes können viele Bedürfnisse der Eltern einfach nicht befriedigt werden. Aber Eltern dürfen und sollen ab und an Dampf ablassen.

„Ich werde ausgesaugt!"

Viele Bedürfnisse der Eltern werden, insbesondere wenn die Kinder klein sind, oft nicht befriedigt. So sind „Schlaf" und „Ruhe" in dieser Entwicklungsphase fast überall Mangelware: Nicht durchschlafen können, 24 Stunden am Tag mit voller Aufmerksamkeit verantwortlich sein zu müssen und dabei häufig noch die Ungewissheit haben, ob das eigene Tun und Lassen überhaupt richtig ist, erzeugt Erschöpfungszustände. Wenn man dann noch die reale Müdigkeit hinzurechnet, können sich jene zu einem dauernden Jammerzustand entwickeln. Krach und Vorwürfe unter den Ehepartnern sind fast zwangsläufig die Folge. Äußerungen wie „Du hilfst mir nie!", „Nie bist du da!" oder „Du jammerst ja nur noch!", „Das bisschen Kinderkram, was ist das schon!" gehören zum Alltag mit Kleinkindern.

Auch Schuldzuweisungen an die Kinder, eine erhöhte Empfindlichkeit gegenüber ihrem Unfug, Ungeduld gegenüber ihrer Lebendigkeit und Neugierde – die aus einem anderen Blickwinkel als positive Kraft und Energie angesehen werden könnten – und die Einstellung, die Kinder seien nur noch unmöglich, können die weiteren Konsequenzen aus der Überforderung sein.

Weder uns Eltern noch unseren Kindern macht eine solch durchhängende Atmosphäre wie „Ich bin kaputt und ihr seid unmöglich" auf Dauer fröhlich und stark.

Das heißt aber nicht, dass man als Mutter oder Vater jederzeit stark und „Meister Proper" sein muss. Eltern dürfen und sollten ab und an eine Stunde des großen Jammerns oder des großen Donnerwetters einlegen und Dampf ablassen.

Aber das sollte man nicht jeden Tag, nicht mit Fäusten und nicht mit „Kopf-ab-Methoden" tun.

Zum Dampfablassen braucht man Freunde, die nicht jedes Jammern direkt persönlich nehmen, andere Eltern als „Schicksalsgenossen", mit denen man über die „grauenhaften" Kinder stöhnen kann, die dasselbe erlebt haben. Auch das Elterntelefon oder professionelle Berater können behilflich sein.

„Ich bin einfach nur müde!"

Den Ausdruck „Ich bin müde" brauchen wir oft auch für negative Gemüts- und Gefühlslagen, die nicht ursächlich auf einen Mangel an Schlaf zurückzuführen sind. Diese „Müdigkeit" kann auch Lustlosigkeit und Unzufriedenheit bedeuten. Sie kann entstehen aus Mangel an Zuwendung, an Gehirnfutter, an Austausch mit anderen Erwachsenen, an Abwechslung, an Sex, an Unterstützung, an Geld usw.

Oder die Müdigkeit kann ein Ausdruck von „zu viel" sein, zu viel Stress in den Beziehungen, im Beruf, zu viele Aufgaben, zu viele Probleme jedweder Art. Gründe gibt es bis zum Abwinken. Oft machen äußere Zwänge uns einen Strich durch die Rechnung. Vieles geht nicht, wenn dem Partner bzw. der Partnerin Arbeit und Geld fehlen.

Aber holen wir uns nicht auch manche Zwänge „freiwillig" ins Haus? Brauchen wir unbedingt das neue Auto, Markenkleider, die neue Küche, die Fernreise? Müssen wir immer neue Aufgaben im Beruf übernehmen, um dann in die Ferien zu hetzen?

Wir Eltern sollten darauf achten, dass wir uns nicht allzu leichtfertig hinter unseren häufig selbst angeschafften „Müdigkeitsmachern" verschanzen und diese als Entschuldigung dafür nutzen, weshalb wir nicht den kleinsten Schritt in Richtung Veränderung tun.

Denn Veränderungen sind möglich! Die Aufgabe der Eltern ist es, sich auf die Suche zu machen, um nicht auf Dauer „müde und jammernd" zu bleiben. Lässt man nämlich die Dinge Woche für Woche, Monat für Monat schleifen, besteht die Gefahr, dass sich nach und nach eine Menge Wut ansammelt,

Müdigkeit kann Lustlosigkeit und Unzufriedenheit bedeuten, kann ein Ausdruck von „zu viel" sein. Man sollte damit aber nicht das Ausbleiben von Schritten in Richtung Veränderung entschuldigen.

Was mache ich, wenn ich Probleme habe?

die dann mehr oder minder gefährlich ausbricht. Diese nach innen und außen gerichteten Wutattacken belasten uns selbst und unsere Beziehungen in der Familie.

„Ich kann nur noch aus der Haut fahren!"
Wut ist ein starkes Gefühl, das in uns eine Menge Energie produziert: Wir werden rot vor Wut, Wut lässt uns leicht die Beherrschung verlieren. Aus Wut tun wir Dinge, die wir hinter-

her bereuen! Wir beben vor Wut. Aus Wut entsteht oft Gewalt! Wut kann zum Beispiel entstehen, wenn meine Bedürfnisse fast nie berücksichtigt werden, selten etwas so läuft, wie ich es möchte, ich zu etwas gezwungen beziehungsweise gar nicht gefragt werde. Auch alte Kränkungen, Beleidigungen und Ungerechtigkeiten erzeugen Wut.

Wutausbrüche sind oft kräftig. Auch wenn sie sich wie ein kurz aufziehendes Gewitter anhören, so fallen sie nicht plötzlich vom heiteren Himmel. Wir sagen auch: „Die Wut steigt in mir hoch!"

Eine Kollegin hat mir eine Wuttreppe gezeichnet, die veranschaulicht, dass es einen Ausstieg aus der sich aufbauenden Wut gibt. Wenn es möglich ist, uns in unsere Wut hineinzusteigern, dann ist es uns auch möglich, von dort wieder runterzukommen.

Es ist unsere Aufgabe als Eltern, bei Wut den Notausgang zu finden, bevor wir z. B. Kinder schlagen.

Die Wuttreppe

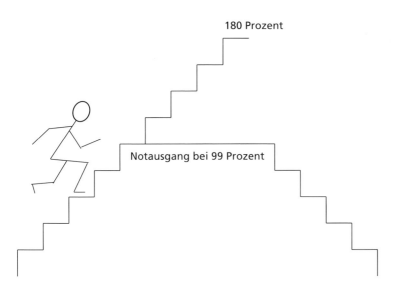

Wir spüren sehr genau, wie wir in unserer Wut Stufe um Stufe höher steigen. Es liegt also in unserer Macht, ob wir klaren Sinnes weiter nach oben marschieren bis auf 180 Prozent und explodieren oder ob wir uns entscheiden, irgendwann die Notbremse zu ziehen. Das könnte z. B. bei 50, 70, 99 oder auch noch bei 179 Prozent sein. Es ist ganz allein unsere Entscheidung, und es ist unsere Aufgabe als Eltern, den Notausgang zu finden, bevor wir z. B. Kinder schlagen. Wir Eltern sollten uns somit auf den Weg machen, unsere „Notausgänge" zu suchen. Es gibt davon viele – wie folgende Beispiele zeigen –, jeder muss seine eigenen finden:

- fluchend und brüllend aus dem Zimmer laufen;
- gegen Kissen schlagen, Türen treten;
- einmal um den Block laufen (aber bitte Bescheid geben, dass Sie zurückkommen);
- sich in ein separates Zimmer oder in den Keller zurückziehen;
- bis hundert zählen;
- als Ventil den Satz rausschreien: „Ich bin so sauer, dass ich dir am liebsten eine um die Ohren hauen würde, aber ich tue es nicht, das ist auch keine Lösung!";
- andere Möglichkeiten ...

Reaktion der Kinder auf Frust und Wut der Eltern

Nur selten reagieren Kinder verständnisvoll oder sogar tröstend, wenn sie bei den Eltern Unzufriedenheit oder Wut feststellen. Häufiger reagieren sie mit Angst, Aggressivität und Ablehnung. Öfter als wir glauben beziehen sie die Schuld auf sich, ob sie nun „real" schuld sind oder nicht. Außerdem spüren Kinder die mehr oder minder offenen und unterschwelligen Vorwürfe und Schuldzuschreibungen sehr genau. Rückzug, Unruhe, aggressives Verhalten oder das altersgemäße „Kinderkram"-Machen sind mögliche Ausdrucksformen ihres Protestes.

Auch wenn – aus der Perspektive der Eltern – die Kinder real „schuld" sein sollten an der Unzufriedenheit und Wut der Mutter oder des Vaters, dann haben dennoch die Eltern die Aufgabe, die Schlüssel für Veränderungen zu suchen, nicht die Kinder. Die Eltern sind es, die die ersten Schritte machen müssen, indem sie ihre Vorstellungen klar und eindeutig äußern und Veränderung einleiten. Diese Aufgabe mag ihnen in manchen Situationen schier unmöglich erscheinen und oft ist sie auch nicht von Erfolg gekrönt.

Kinder beziehen bei Wut die Schuld auf sich. Es ist Aufgabe der Eltern, nicht der Kinder, nach Veränderungen zu suchen.

Was hilft, wo können wir Eltern ansetzen?

Man kann nicht immer alles bekommen! Man kann nicht immer auf alles verzichten! Diese Binsenweisheit gilt für Eltern wie für Kinder. Das Aushalten von Frustrationen, die Hoffnung auf „Überleben" der Problemphase und das Suchen nach Kompromissen – und seien es manchmal auch ziemlich faule – gehören nun mal auch zum Elternsein.

Frustrationen aushalten, die Problemphase überstehen, Kompromisse suchen.

Kräfte auftanken

Wenn ich als Mutter oder Vater so viele Kräfte in die Kinder reingebe und auf einiges verzichten muss, ist es notwendig, auch dafür zu sorgen, dass Kräfte wieder reinkommen, damit ich nicht auf Dauer unzufrieden werde und diese Unzufriedenheit wieder zu Lasten der Kinder und des Partners bzw. der Partnerin austrage.

Jeder Elternteil trägt Verantwortung für seinen eigenen Kräftehaushalt, der immer wieder neu aufgetankt werden muss. Das heißt, jeder Elternteil sollte überlegen, wie und woher er die Kräfte wieder hereinholen kann. Der eine geht gerne in die Sauna oder treibt gerne Sport, der andere mag sich gerne mit Freunden treffen oder liebt es, durch die Stadt zu bummeln, ins Kino zu gehen oder was auch immer. Die Hauptsache ist, dass jede Mutter, jeder Vater ab und an etwas Schönes für sich alleine macht, „sich lüftet".

Die Glaubenssätze „Ich opfere mich für mein Kind", „Ich tue alles nur für meine Kinder, für meine Familie" sind sicherlich gut gemeint, aber sie haben oft eine bedrückende Kehrseite für alle Beteiligten. Die einen fühlen sich ständig zur Dankbarkeit verpflichtet, und in dem anderen kriecht es dann später hoch, dass er Dankbarkeit erwartet!

Schaffe ich es sogar im Alltagsstress, hin und wieder gelassen, mit Humor, Jux und Witz zu reagieren, ist die Wahrscheinlichkeit groß, dass sich dies auch im Verhalten der Kinder sowie des Partners bzw. der Partnerin widerspiegelt.

Pflege der Beziehung

Bei Zufriedenheit zwischen den Partnern lässt sich manche Unzufriedenheit mit den Kindern leichter steuern.

Die Beziehung zwischen Partnern braucht regelmäßige, bewusste Pflege, ob täglich, ob einmal die Woche oder alle zwei Monate. Alle zwei Monate, das ist schon reichlich selten, aber besser selten als nie!

Viel zu oft – besonders wenn die Kinder in der Kleinkindphase sind, aber auch in der Pubertät – droht zwischen Eltern die Pflege der Beziehung mit den wichtigen kleinen gegenseitigen Liebesbeweisen in Vergessenheit zu geraten. Diese Nachlässigkeit ist oft die Saat für Scheidungen und Trennungen.

Die Pflege der Beziehung und der Gemeinsamkeiten zwischen den Partnern sorgt für frische Luft für alle. Außerdem lässt sich mit einem Grundsockel an Zufriedenheit zwischen den Partnern manche Unzufriedenheit mit den Kindern leichter steuern und ertragen. Daher ist es ein absolutes „Muss" für ein Paar, ab und an ohne Kinder, ohne Freunde zusammen etwas Schönes zu unternehmen ... und – auch nicht den Sex zu vergessen!

Die Kinder gehören raus aus dem Ehebett, raus aus den elterlichen Schlafzimmern und aus der Beziehung zwischen den Eltern, und die Türen hinter ihnen zu!

Mit der Pflege der Beziehung ist es wie mit der Wagenpflege; das Auto muss auch gepflegt, regelmäßig aufgetankt und geölt werden. Läuft es nicht, guckt man zuerst unter die Motorhaube und sucht nach der Ursache. Findet man nichts, bringt man es zum Fachmann und fragt: „Warum läuft die Kiste nicht?"

> MOTTO:
> Alle Gefühle sind erlaubt und werden akzeptiert.

Ziel für uns Eltern sollte sein, unsere Gefühle, Gedanken und Bedürfnisse offen und angemessen auszudrücken, ohne den anderen zu beschimpfen, ohne ihn schuldig zu machen oder moralisch unter Druck zu setzen. In dieser Hinsicht sind wir wieder einmal im höchsten Maß Vorbild für unsere Kinder.

Reden über Gefühle ist nicht einfach. Schimpfen und Wut rauslassen können wir in der Regel gut, aber Gefühle wie Eifersucht, Gefühle der Kränkung, der Unsicherheit, des Nichtgenügens, des Nichtkönnens kehren wir lieber unter den Teppich. Wie sieht es mit den positiven Gefühlen aus?

Dass alle Gefühle erlaubt sind und akzeptiert werden, gilt für uns Eltern genauso wie für die Kinder, jedoch mit der wichtigen Einschränkung: Nicht alle Verhaltensweisen, die aus diesen Gefühlen hervorgehen, sind ebenfalls erlaubt.

So kann auf eine Verhaltensweise die Reaktion folgendermaßen aussehen: „Ich verstehe schon, dass du sauer bist,

Nicht alle Verhaltensweisen, die aus den Gefühlen hervorgehen, sind erlaubt.

weil du die Schokolade jetzt nicht bekommen kannst. Zwei Stücke vor dem Essen sind genug. Aber deswegen hast du noch lange nicht das Recht, deinen Bruder zu treten. Er kann ja nichts dafür – du Lümmel!"

Oder: „Ich verstehe schon, dass du sauer bist, weil ich dir das Geld für die Schuhe nicht gebe, aber 140 EUR sind mir einfach zu viel! Dass du deswegen mich hier jetzt beschimpfst und hier rumtobst wie eine Irre, ist nicht in Ordnung. ... Wo sind wir denn hier!" „... Komm, wenn du dich beruhigt hast, dann können wir ja überlegen, was wir machen können. Schuhe brauchst du ja!"

Wie sollen wir Eltern unsere Bedürfnisse ausdrücken? oder: *Die Eingleisigkeit von Gedanken, Gefühlen und Worten*

Wir sollten aufrichtig unsere Gefühle und Bedürfnisse mitteilen und nicht etwas anderes sagen, als was wir fühlen und denken.

Fangen wir mit einer der wichtigsten Grundvoraussetzungen an, wenn es um das Ausdrücken unserer Bedürfnisse geht, der Aufrichtigkeit. Das heißt, wir sollten nicht etwas anderes sagen, als was wir fühlen und denken.

Auf der einen Seite sagen wir oft: „Kinder bekommen alles mit", auf der anderen Seite versuchen wir trotzdem zu mogeln, wenn es um das Ausdrücken unserer Gefühle geht.

Kinder spüren, wenn wir etwas anderes sagen, als was wir fühlen und denken, und sind irritiert. Sie wissen nicht, ob sie ihren Ohren oder ihren Augen trauen sollen. Kommen diese Uneindeutigkeiten häufig vor, werden die Kinder auf Dauer in ihrer Wahrnehmung verunsichert. Ihr Einschätzungsvermögen für unterschiedliche Situationen kann beeinträchtigt werden und wir als Eltern laufen Gefahr, ein Stück an Glaubwürdigkeit zu verlieren. Daher sollten wir versuchen, aufrichtig zu sein und nicht zu mogeln.

Beispiele für Aufrichtigkeit

Situation: Ich weine wegen Streitigkeiten mit meinem Mann. Mein Kind kommt zu mir und fragt: „Was hast du?" Ich antworte. „Nichts!"

Es ist offensichtlich für das Kind: Irgendetwas stimmt da nicht. Es sieht die Tränen der Mutter und fühlt ihre Traurigkeit, aber es hört sie sagen: „Ich habe nichts!"

Die andere Reaktion: „Ach ja, ich bin traurig! Ich hatte Ärger mit Papa, aber das werden wir schon wieder hinkriegen!"

Wenn es stimmt, dass der Streit nichts mit dem Kind zu tun hatte, sollten sie das dem Kind auch sagen: „Der Streit hatte nichts mit dir zu tun."

Eine nicht zu empfehlende Reaktion: „Ich bin traurig, weil dein Vater ein Monster ist, er betrügt mich."

Was mache ich, wenn ich Probleme habe?

Auch wenn man mit seinen Gefühlsäußerungen dem Kind gegenüber aufrichtig zu sein hat, bedeutet das nicht, dass man hierbei so weit geht, Vorwürfe gegen den anderen Elternteil vorzutragen oder seinen „Kopf ab" zu fordern oder sogar die „Erwachsenen-Angelegenheiten" in allen Einzelheiten zu beschreiben.

Wenn Eltern keine Vorwürfe erheben, sondern ihre Gefühle aufrichtig ausdrücken, ist das ein verantwortungsvolles Verhalten dem Kind gegenüber.

Situation: Ich weine aus einem anderen Grund. Mein Kind kommt zu mir und fragt: „Was hast du?"

Eine nicht zu empfehlende Reaktion ist, zu antworten: „Ich bin traurig, weil du so unmöglich bist und nie machst, was ich will, du enttäuschst mich nur ständig!"

Diese Vorwürfe beziehungsweise kräftigen moralisierenden Schuldzuweisungen machen das Kind klein und schuldig, nicht stark und verantwortlich.

Außerdem lösen Vorwürfe und Schuldzuweisungen fast automatisch beim Angegriffenen die Reaktion aus, den Vorwurf abzuwehren und den Schuldigen woanders zu suchen. Ab sofort spielen Inhalte keine Rolle mehr; es geht nur noch um die Verteidigung der eigenen Person. Und schon sind alle mittendrin im Pingpongspiel ohne Ende.

Das folgende Beispiel zeigt, dass aufrichtiges Ausdrücken unserer Gefühle und Gedanken auch schon bei den kleinen Kindern unverhofft Wunder bewirken können.

Sallis Zupfen am Rockzipfel oder: Die Entlastung von Schuld

Es ist etwa sechs Uhr abends. Ich stehe am Herd, bereite das Abendessen vor. Salli, knapp zweieinhalb Jahre alt, quengelt an meinen Beinen, zupft mich am Rockzipfel und ist ungemütlich. Ich auch.

Ich bin tief in meinen negativen Gedanken versunken. Mich beschäftigen die Probleme des Arbeitstages. Ich bin unmutig und innerlich unzufrieden und bräuchte Ruhe zum Nachdenken. Daher versuche ich, sie für eine Weile loszuwerden. Ich schlage vor: „Geh doch noch ein bisschen in deinem Zimmer spielen!" Kein Erfolg. Sie macht weiterhin „öhö … öhö" und versucht mich in Richtung ihres Zimmers zu ziehen. Mein nächster Vorschlag: „Du könntest doch dein Bilderbuch am Küchentisch angucken!", ist genauso wenig von Erfolg gekrönt. Ich werde unmutiger, weil meine Gedankengänge ständig von ihr gestört und unterbrochen werden, meine Tochter ebenso, weil ich nicht auf sie eingehen will.

Ich überlege, was ich denn jetzt tun kann. Sie anbrüllen, sie mit Kommandos und Befehlen in ihr Zimmer schicken, brächte nur ein riesiges Gebrüll mit sich, Tränen ohne Ende – das könnte ich in diesem Moment am allerwenigsten gebrauchen. Mir fällt nichts ein, ich gebe auf, kapituliere und sage einfach, wie es ist: „Hör mal, Salli, ich bin so unmutig im Moment, so schlechter Laune, aber das hat nichts mit dir zu tun. Ich hatte so einen Ärger im Büro mit den Leuten dort. Das war so doof und jetzt muss ich darüber nachdenken."

Ich glaube nicht, was ich sehe: Salli grinst mich breit und sonnig an, dreht sich auf ihren Socken um und geht in ihr Zimmer. Ein Wunder ist geschehen!

> **Wichtiger Hinweis**
> Wenn Eltern beispielsweise schlechte Laune haben, denken Kinder oft, dass sie daran schuld sind, und geraten dadurch in innere Unruhe. Die Kinder von diesem Gefühl zu befreien, indem man ihnen klar sagt: „Du bist nicht schuld an meiner schlechten Laune", kann in der Tat manchmal Wunder wirken.

Eine Episode kürzlich zeigte mir, dass die „Entlastung von Schuld" noch bei den 16-Jährigen genauso bedeutsam ist:

Tochter: „Wie geht's, du bist nicht gut drauf?"
Mutter: „Nein, mir geht es nicht gut. Ich bin sauer über mich selbst, habe nicht das gemacht, was ich sollte, und jetzt bin ich unter Druck!"
Tochter: „Gott sei Dank, ich dachte schon, ich sei wieder schuld!"

Ich-Botschaften

Da man mit einer Ich-Botschaft mitteilt, wie man die Situation erlebt, bleibt man aufrichtig.

Ich-Botschaften bieten uns eine gute Möglichkeit, Bedürfnisse deutlich und ohne Vorwürfe auszudrücken. Das Verwenden von Ich-Botschaften ermöglicht uns in vielen Situationen, aufrichtig zu bleiben. Sie sind keine Zauberformel, keine Garantie für erwünschtes Verhalten; aber es lohnt sich, sie zu probieren:

Schritte beim Verwenden von Ich-Botschaften
1. Beschreiben Sie zuerst die Situation, d. h. was geschieht oder was geschah, ohne Unterstellungen und Wertungen.
2. Begründen und beschreiben Sie – ohne Vorwürfe –, warum ein Verhalten in diesem Moment so nicht in Ordnung ist, wie es Ihre Bedürfnisse stört oder verhindert.
3. Wenn noch nötig, sagen Sie, welche Empfindung bei Ihnen durch die Situation ausgelöst wird.

Das Ergebnis beim Verwenden von Ich-Botschaften

Ich-Botschaften schaffen dem Kind oder dem anderen die Möglichkeit, freiwillig die Situation zu verändern und damit freiwillig etwas Gutes zu tun.

Was mache ich, wenn ich Probleme habe?

Durch Ich-Botschaften bekommt das Kind die Gelegenheit mitzudenken, den anderen zu verstehen und eine Lösung zu finden.

Unsere Kinder sind ja nicht doof, sie mögen uns Eltern und lieben uns heiß und innig, je kleiner, desto inniger. Folgerichtig wollen sie auch oft uns Eltern etwas Gutes tun! Diese Chance sollen wir ihnen immer zuerst anbieten.

Ich-Botschaften zu verwenden ist besonders empfehlenswert, wenn bei mir selbst das Problem auftaucht, wenn ich negative Gefühle dem anderen gegenüber habe.

Mit Ich-Botschaften kann man oft vermeiden, dass es zu moralischen Appellen, zu Androhungen, Befehlen, Verboten, Beschimpfungen oder zum Ohrfeigen kommt. Das Kind bekommt die Gelegenheit mitzudenken, den anderen zu verstehen und eine Lösung zu finden.

> **Wichtiger Hinweis**
> Das Wort ICH macht aus einer Botschaft aber nicht automatisch eine Ich-Botschaft. So ist z. B. „Ich finde dich unmöglich" eine glatte „Kopf-ab-Botschaft" und gehört in die Verbannung.

Ein Beispiel für eine Ich-Botschaft oder: *Ein typisches Familienmärchen*

Es geschah vor vielen Jahren eines Abends, als ich gerade das Buch von Thomas Gordon „Familienkonferenz" gelesen hatte und von seinen „Ich-Botschaften" angesteckt wurde. Mein Freund ließ wieder einmal seine Free-Jazz-Saxophon-Orgien-Platte in voller Lautstärke durch die Wohnung dröhnen. Ich telefonierte mit meiner Freundin aus Finnland. Ich konnte meine eigene Stimme nicht mehr hören. Die Wut flammte in mir hoch. Die Worte, ihn anzubrüllen, lagen „schießbereit" auf meiner Zunge: „Du verdammter Idiot, mach deine Scheiß Musik sofort leise!" Just in der Sekunde schoss auch die Ich-

Ein Beispiel für eine Ich-Botschaft

Botschafts-Kunde durch meinen Kopf. Ich hielt die Worte zurück, überlegte, wie ging es noch mal: „Beschreibe die Situation, was passiert jetzt", und brüllte laut: „Ich telefoniiieeere mit Lyyyyli!" Und dann, wie ging es weiter, überlegen. „Wie hindert das deine Bedürfnisse?" Ich brüllte den nächsten Satz: „Ich hööre niiichts."

Und siehe da, er ging hin und machte seine Musik leise.

Ich war beeindruckt und gratulierte Thomas Gordon und mir selbst für die rettende Idee an diesem Abend. Um Haaresbreite hätte ich mit einem Satz meinen Schatz nicht nur zum Idioten abgestempelt, ihn herumkommandiert, sondern auch noch obendrein seinen Musikgeschmack kritisiert. Das Ergebnis wäre gewesen, so wie ich ihn kenne: Er hätte seine Musik noch einen Deut lauter gedreht! ... Und das Ergebnis für mich: Nicht nur das Telefonat, sondern auch der Abend und vielleicht die ganze spätere Ehe im Eimer?

> **Wichtiger Hinweis**
> Würden wir jetzt die Erwartung haben, dass sich der Partner bzw. die Partnerin oder das Kind stets direkt so einsichtsvoll aufgrund einer Ich-Botschaft verhalten, wie das Beispiel den Anschein erweckt, dann würden wir mehr als einmal enttäuscht.
> Es geht auch nicht in erster Linie darum, dass die anderen, wenn wir etwas „richtig" formuliert oder gemacht haben, dann ab sofort das von uns erwünschte Verhalten an den Tag legen sollten. Es geht nicht um Gehorsam durch die Hintertür! Es geht nicht darum, unseren Willen durchzusetzen mit watteweichen Methoden! Sondern es geht darum, dass wir Eltern lernen, bewusster unsere Wünsche, Bedürfnisse und Gefühle erst einmal auszudrücken, damit die Kinder die Möglichkeit bekommen, uns zu verstehen.

Damit die Kinder die Möglichkeit bekommen, uns Eltern zu verstehen, müssen wir unsere Wünsche und Bedürfnisse bewusster ausdrücken.

Was mache ich, wenn ich Probleme habe?

Aufgaben für die Eltern

Kontrolle der Wut
Welche Situationen machen Sie wütend?
Welche Dauerbrenner gibt es?
Welche eigenen Notbremsen haben Sie?

Überlegen Sie hierbei:
- Wie können Sie Ihrem Wutausbruch in dieser Situation vorbeugen?
- Was könnten Sie anders machen als bisher?
- Können Sie Situationen für aufkommende Wut benennen und diese auch den anderen mitteilen?
- Ob Sie vielleicht Ihre Einstellung verändern sollten?
- Was raten und sagen die anderen?
- Welche Notbremse gibt es für Sie, damit die anderen vor Ihrer ungebremsten Wut geschützt sind?

Verwenden von Ich-Botschaften
Verwenden Sie in den nächsten Tagen bewusst bei Ihren Kindern Ich-Botschaften.
 Achten Sie darauf, dass nicht versteckte Vorwürfe enthalten sind!

Wie lösen wir Konflikte in der Familie?

Bei Konflikten in der Familienrunde sollte es selbstverständlich sein, dass Kinder als Mitbetroffene zu den Verhandlungen gehören. Am Beispiel von Konflikten mit Kindern wegen abweichender Wertvorstellungen zeigt sich, welche Folgen Kämpfe haben können. Hier sollten die Eltern im Auge behalten, dass der Respekt gewahrt und der eigene Standpunkt trotzdem klar vertreten wird. Strafen passen nicht auf Dauer unter das Dach des hier vertretenen Erziehungsstils der „anleitenden Erziehung".

Wie lösen wir Konflikte in der Familie?

> MOTTO: Kann man bei Entscheidungen, die einen selbst betreffen, mitwirken, ist man auch eher bereit, sich daran zu halten!

Probleme und Konflikte als Teil des Lebens

Viele Probleme mit den Kindern treten auch bei anderen Familien auf.

Probleme und Streit gehören zum Leben jeder Familie. Überall, wo Eltern und Kinder sind, sind auch Konflikte. Manche Enttäuschung im Leben ließe sich ersparen, wenn die Eltern sich darauf einstellen würden, dass Ruhe, Harmonie und problemloses Dasein im Familienalltag eher eine Glückseligkeit für Augenblicke ist, aber kein Dauerzustand.

Viel zu häufig bleiben Eltern alleine mit ihren Problemen, anstatt mit anderen Eltern zu reden oder sich sonstige Hilfe zu suchen. Sie denken, sie seien die Einzigen auf der Welt, deren Kinder nicht schlafen oder nicht essen wollen und sich unmöglich benehmen. Die Einstellung, man sei eine schlechte Mutter oder ein unfähiger Vater, wenn man Kinder oder Lebenssituationen nicht im Griff hat, ist noch sehr verbreitet. Unnötiger Krach entsteht oft nur, weil nicht bekannt ist, dass viele Probleme auch bei anderen Familien auftreten. Besonders krisenanfällige Phasen können z. B. sein:

- die Geburt des ersten Kindes; das Babyalter oft bis zum dritten Lebensjahr (Gefahr auch für die Paarbeziehung);
- die Geburt des zweiten Kindes (Gefahr für das inzwischen mühsam erreichte Gleichgewicht; evtl. Eifersucht des ersten Kindes);
- Trennungen, z. B. die Trennung der Eltern, Schulwechsel, Umzug (häufig eine Quelle von Trauer und Unruhe für alle);
- Trennungen im Sinne von Loslösung, sei es z. B. zu Beginn des Kindergartens, in der Pubertät oder beim nahenden Auszug eines Kindes;

- Stress der Eltern im Beruf, finanzielle Schwierigkeiten;
- Krankheit und Tod.

Veränderungen in den Familien gehen weder an uns Erwachsenen noch an den Kindern spurlos vorüber. Vermehrte Aggressivität, Unruhe, Schlafstörungen oder Rückzug sowie aufkommende Ängstlichkeit können Folgen aus diesen Veränderungen sein. Welches Ausmaß die kindliche Reaktion annimmt, hängt sehr davon ab, wie die Kinder uns Eltern erleben und wie wir die Kinder durch diese Phasen leiten.

Es ist für uns Eltern ratsam, diese Hintergründe im Gedächtnis zu behalten und achtsam zu sein, wenn wir mit dem „schwierigen" Verhalten unserer Kinder beschäftigt sind. Dieser erweiterte Blickwinkel könnte mit dazu beitragen, dass wir unsere Kinder und ihr Verhalten nicht vorschnell und einseitig verurteilen.

Um wessen Problem handelt es sich?

Bevor wir Eltern uns mit der Lösung der Probleme beschäftigen, sollten wir uns Zeit nehmen und zuerst überlegen, um wessen Problem handelt es sich?

Der Lösungsweg lässt sich manchmal leichter einleiten, wenn Eltern vorab darüber nachdenken, um was es eigentlich geht. In einer Problemsituation sind unterschiedliche Ausgangspositionen denkbar:

- Ich habe ein Problem, das mich bedrückt (siehe 4. Kapitel).
- Der andere hat ein Problem (das Kind oder der Partner bzw. die Partnerin, siehe 3. Kapitel).
- Es handelt sich um ein Problem auf der Paarebene.
- Kinder haben Probleme untereinander.
- Es handelt sich um ein Problem, das uns alle betrifft.

Dasselbe Problem kann von verschiedenen Familienmitgliedern unterschiedlich wahrgenommen werden.

Es ist nicht immer einfach herauszufinden, um wessen Problem es sich handelt. Vielleicht können folgende Fragestellungen bei der Suche nützlich sein:
- Wessen Wünsche und Erwartungen sind enttäuscht worden?
- Wessen Bedürfnisse sind verhindert oder gestört worden?
- Wen stört das Problem am meisten?
- Wer spricht das Problem zuerst an?
- Wer ist letztendlich zuständig für die Problemlösung?

Wenn wir Eltern spüren, dass Probleme aufziehen, sollten wir diese auch von uns aus ansprechen und nicht abwarten, bis die Kinder damit kommen.

Manchmal ist es schwierig zu erkennen, ist das jetzt mein Problem oder dein Problem oder ist das jetzt unser aller Ding, denn es gibt immer wieder Überschneidungen.

Von den einzelnen Familienmitgliedern kann ein und dasselbe Problem sehr unterschiedlich wahrgenommen werden. Besonders in unklaren Situationen sollten Eltern mutig sein und nachfragen, ihren Eindruck äußern und bestenfalls laut denken.

Probleme anzusprechen heißt nicht, dass man direkt die Problemlösung mitliefern müsste, das heißt: Die Klärung, wo hier ein Problem liegt, ist nicht gleichzusetzen mit Problemlösung. Viele Diskussionen – mit Streit – und viel Zeit sind oft notwendig, bis man auf einen gemeinsamen Nenner kommt!

In den vorangegangenen Kapiteln haben wir einige Ideen dazu entwickelt, was wir machen können, wenn das Kind oder ein Elternteil ein Problem hat. In diesem Kapitel geht es nun zum einen um die Paarebene, d. h. wenn Eltern streiten, und zum anderen um gemeinsame Probleme in der Familie.

Einige Gedanken über Grenzen setzen und Strafen beschließen das Kapitel.

Probleme auf der Paarebene oder: *Wenn Eltern Streit haben*

Manche Streitigkeiten zwischen Erwachsenen werden sich nicht vor den Kindern verheimlichen lassen, jedoch sollten Eltern auf folgende Punkte achten, wenn sie Krach haben:

Kinder sind weder Richter noch Therapeut noch Partnerersatz für die Eltern.

Eltern sollten Kindern offen sagen, dass es Streit gibt
Einen Streit zu verheimlichen gelingt kaum, denn Kinder haben bekanntlich ihre Antennen (fast) überall. Eltern dürfen ruhig sagen, dass sie unterschiedlicher Meinung sind, sie deswegen streiten müssen, aber versuchen werden, alles wieder auf die Reihe zu kriegen. Wenn es stimmt, sollten Eltern den Kindern klar machen, dass ihr Streit nichts mit ihnen zu tun hat. Und wenn der Streit vorbei ist, sollten die Eltern das den Kindern auch mitteilen.

Kinder sind keine Schiedsrichter
Es ist darauf zu achten, dass Eltern die Kinder nicht in die Schiedsrichterposition stellen. Die Parteinahme für den einen oder den anderen Elternteil bringt die Kinder in einen Loyalitätskonflikt, den sie nicht lösen können. Egal, was sie sagen oder tun, es ist immer falsch. Ergreifen sie Partei für die Mutter, wissen sie, dass sie den Vater verletzen, stellen sie sich auf die Seite des Vaters, wissen sie, sie kränken die Mutter. Die Kinder werden dadurch gezwungen, die eigenen Eltern zu verletzen – eine unzumutbare Aufgabe!

„Sag doch, dass ich der bessere Elternteil bin"
Zur Entwicklung eines starken Selbstwertgefühls des Kindes gehört, dass es sein Recht und die Freiheit behält, sowohl seine Mutter als auch seinen Vater gerne zu haben. Unabhängig davon, für wie grauenhaft eines Tages der eine Eltern-

teil den anderen halten mag, sollte jedem Kind die Möglichkeit erhalten bleiben, zumindest auf eine mütterliche bzw. väterliche Charaktereigenschaft ein wenig stolz sein zu können. Stempelt ein Elternteil den anderen als Monster ab, dann trifft er damit automatisch auch das Kind, denn es weiß ja, dass es zur Hälfte von diesem „Monster" stammt.

Keine Gewaltanwendung im Beisein der Kinder
Gewaltanwendung zwischen den Eltern vor den Augen der Kinder gehört eindeutig in die Verbannung. Sie hat für deren Entwicklung die gleiche schädigende Wirkung, als würden sie selbst Gewalt erfahren. Die Entwürdigung unter den Eltern zu erleben und vielleicht Angst um das Leben eines Elternteils zu haben – hin- und hergerissen zu sein und sich ohnmächtig fühlen, weil sie helfen wollen und nicht können –, sind traumatische Erfahrungen für die Kinder, die oft ein Leben lang wirken.

> **Wichtiger Hinweis**
> Wenn bei uns Eltern Spannungen auftauchen, sollten wir auf der Hut sein, nicht unseren Kindern einen falschen Job auf Dauer zu erteilen. Kinder sind weder Richter noch Therapeut noch Partnerersatz für uns Eltern. Diese Aufgaben überfordern sie und bremsen ihre Entwicklung.

Kinder haben Probleme untereinander

Wir Eltern wissen sehr wohl, dass es nicht nötig ist, sich zu sehr in die Streitigkeiten der Kinder, insbesondere der Geschwister, einzumischen, denn sie können ihre Kämpfe meistens selber fechten.

Aber wie schnell ergreifen wir doch im Alltagstumult Partei für die Kleinsten im Bunde. Kommentare wie „Er ist doch noch so klein", „Sie kann das doch noch nicht", „Du bist doch schon so groß, du müsstest schon vernünftiger sein" klingen in unseren Ohren so vernünftig – aber bei den Kindern nicht! Eifersucht und Neid unter den Kindern und „Racheattacken" hinter unserem Rücken sind dann oft die Folge. Wenn wir den „Schuldigen" suchen, kommen wir auch nicht weiter. Stattdessen sollten wir eher probieren, die Kinderfront mit Kommentaren zu stärken wie z. B. „Ihr Kinder schafft das schon untereinander zu klären, ihr seid ja nicht dumm!". Außerdem ist ein sechsjähriger „Großer" letztendlich noch sehr klein, und eine dreijährige „Kleine" kann den älteren Kindern ganz schön „große Dinge" antun.

Eltern sollten die Kinderfront stärken: „Ihr Kinder schafft das schon untereinander zu klären, ihr seid ja nicht dumm!"

Geschwisterstreit oder: Die „Lust am Kämpfen"

Eine Mutter in einem Elternkurs erzählte, dass es in ihrer Familie des Öfteren nachmittags einen riesigen Streit zwischen ihrem Sohn (11) und ihrer Tochter (13) gab. Sie schrien sich an, bissen sich, zogen sich zuweilen an den Haaren, traten sich und tobten wie die Wahnsinnigen. Die Mutter hielt das nicht aus, sie befürchtete, die Kinder würden sich gegenseitig die Augen aus dem Kopf reißen. Sie mischte sich also jedes Mal ein, versuchte zu schlichten, zu vermitteln und den Kampf zu unterbinden, schrie zuweilen kräftig mit und ermahnte die Kinder ständig aufzuhören.

Eines Tages, als sie nach Hause kam, war der Kampf der Geschwister wieder in vollem Gange. Noch bevor sie ein Wort rausbrachte, sagte ihr Sohn zu seiner Schwester: „Komm, lass uns schnell in unser Zimmer gehen, da können wir in Ruhe weiterkämpfen und Mutter kann sich da nicht so gut einmischen." Gesagt, getan – einig gingen sie in ihr Zimmer und der Streit ging erneut unerträglich laut los.

Die Mutter stand verdattert alleine im Flur; sie war um eine Erfahrung reicher!

Probleme in der Familie, die alle angehen

Die drei Krisenzeiten des Alltags: morgens, mittags, abends
Wir armen Eltern werden nicht nur von den immer wieder auftauchenden kleinen und großen Krisen des Lebens geplagt, sondern obendrein werden wir noch damit konfrontiert, was sich in den alltäglichen Krisenzeiten, morgens, mittags und abends, abspielt:

Morgens: Die Kinder wollen nicht aufstehen, wollen sich nicht oder was Falsches anziehen, wollen nicht oder falsch frühstücken.

Mittags: Die Kinder kommen nach Hause, sind grantig, machen Unordnung, schmeißen ihre Sachen herum; sie essen das Falsche, machen die falschen, keine oder zu schwierige Hausaufgaben; sie haben falsche oder keine Freunde.

Abends: Die Kinder wollen nicht schlafen gehen, wollen Fernsehen gucken, falsche Programme zur falschen Zeit sehen; wollen sich nicht waschen und nicht die Zähne putzen; wollen nicht aufräumen.

Was passiert in allen Fällen? Hektik, Eile, Trödeln, Druck, Geschrei, schlechte Laune, jeden Morgen, jeden Mittag, jeden Abend! Und das während der ganzen Kinderjahre???

Techniken der Konfliktlösung

Was können wir bloß tun? Der erste Schritt ist, wie immer, für die eigenen Kräfte zu sorgen (siehe Kapitel „Was mache ich, wenn ich Probleme habe? oder: Wie drücke ich meine Bedürfnisse aus?"). Dann sollten wir uns Zeit mit dem Sortieren der eigenen Gedanken und Empfindungen nehmen:

Worum geht es denn jetzt hier, wer hat das Problem, was können wir tun, was wäre der kleinste Schritt in Richtung Verbesserung?

Bei Entscheidungen, die die ganze Familie betreffen, ist die Beteiligung aller an den Verhandlungen empfehlenswert.

Miteinander reden – miteinander verhandeln

Ziel des Verhandelns ist, dass wir gemeinsam Ideen für eine allseits annehmbare Problemlösung entwickeln. Die Vorteile des Verhandelns liegen auf der Hand:
- Gemeinsames Verhandeln – alle sind beteiligt –, jeder erweist damit jedem anderen Familienmitglied seinen Respekt.
- Verhandeln als Strategie zur Konfliktlösung kann zu Hause gelernt werden. Dies braucht man sein Leben lang im privaten wie im beruflichen Bereich.

- Verhandeln kann, richtig angewendet, sehr viel Spaß machen.
- Verhandeln führt oft zu idealen, kreativen und vielfältigen Lösungen.
- Beim gemeinsamen Verhandeln ist die Verantwortung aufgeteilt, keiner muss alleine für etwas zuständig sein, keiner muss alleine alles wissen und lösen.
- Gemeinsam verhandeln zeigt Vertrauen, alle können was, sind fähig zu denken, Ideen und Lösungen zu entwickeln.
- Die Beschlüsse, die gemeinsam gefasst werden, werden auch eher von allen eingehalten.
- Durch Verhandeln gewinnt man letztendlich Zeit, da alle Beteiligten motivierter sind mitzumachen. Widerspenstige müssen nicht wie schwere Sandsäcke mitgeschleift werden.

Schritte zur Konfliktlösung

Verhandlungen im Vorfeld von Konflikten ersparen viel Ärger. Ratsam ist ein Regelwerk unter Beteiligung aller Familienmitglieder.

- Definition des Konflikts
    - Was ist das Problem, wie äußert es sich, wer ist betroffen, wen geht es wie an?
- Ziele setzen
    - Was soll verändert werden?
    - Was sind die Wünsche der Einzelnen?
    - Welches Ziel können alle akzeptieren?
    - Was wäre der kleinste Schritt in Richtung Verbesserung?
- Vorschläge zur Problemlösung (zuerst nur sammeln ohne Wertung)
    - Was könnte jeder Einzelne tun, um die Situation zu verändern?
    - Alle dürfen und sollen alle möglichen und unmöglichen Vorschläge machen.

- Abwägen der Vorschläge
  - Ehrliche Meinungsäußerung, Kompromisse suchen.
  - Welche Folgen hat eine jede Lösung?
  - Aus welchen Gründen ist der jeweilige Vorschlag durchführbar bzw. nicht durchführbar?
- Eine Abmachung treffen
  - Sind alle zufrieden?
  - Jeder übernimmt Verantwortung für die Einhaltung der Abmachung.
  - Was machen wir, wenn einer trotzdem die Abmachung nicht einhält?
  - Die Abmachung ist nicht endgültig, d. h. eine Probezeit wird vereinbart (z. B. eine Woche).
- Vorbereitung zur Umsetzung in die Praxis
  - Wer erinnert, wenn die Einhaltung der Vereinbarung vergessen wird? (Es müssen nicht immer Mutter oder Vater sein.)
  - Den nächsten Zeitpunkt für eine Rücksprache vereinbaren.
- Beobachten, ob die gewählte Vorgehensweise im Alltag funktioniert
  - Wenn die Vereinbarungen eingehalten werden, ein positives Feedback geben.
  - Nach der Probezeit die Situation überprüfen. Wie lief es? Sind alle zufrieden?
  - Eventuell neue Vereinbarungen treffen, eine Erweiterung des Ziels usw. vornehmen.

Bei Entscheidungen, die die ganze Familie betreffen, ist die Beteiligung aller an den Verhandlungen empfehlenswert. Verhandeln Sie nicht erst, wenn es zu Konflikten gekommen ist. Viel Ärger erspart man sich, wenn man für die gemeinsamen Angelegenheiten bereits im Vorfeld ein Regelwerk schafft und alle Familienmitglieder, auch die Kleinsten, beteiligt sind. Das Regelwerk sollte möglichst schriftlich und sichtbar für alle aufgehängt werden.

> **Wichtiger Hinweis**
> Schaffen Sie keine Gesetzeswerke mit Paragrafen, bei denen aus der Nichteinhaltung Strafen erfolgen müssten. Solche Regeln setzen dann wieder alle nur unter Druck, und keiner ist glücklich damit. Spaß und Humor sollten dabei nicht fehlen, wenn sich alle zusammensetzen und ihre Wünsche äußern, um Klarheit in die Erledigung der Alltagsangelegenheiten zu bringen.

Beteiligung der Kinder oder: *Wie lösen wir gemeinsam das Problem?*

Ein Vater erzählte mir ein beeindruckendes Beispiel. Seine Familie musste, weil er die Stelle wechselte, in eine andere Stadt umziehen. Die Kinder wollten ihre gewohnte Umgebung, Haus, Schule und Freunde nicht verlassen, was er und seine Frau auch gut verstehen konnten. So hatte er gemeinsam mit seiner Frau und den Kindern vereinbart, nicht eher in die neue Stadt umzuziehen, bis er eine allen geeignet erscheinende Wohnung oder ein geeignetes Haus gefunden hatte. Die Meinungen aller Familienmitglieder wurden berücksichtigt, und alle waren bei der Wohnungssuche beteiligt. Die Entscheidung war nicht einfach. Viele Gespräche, Streit und hier und da ein paar Abstriche in den Ansprüchen von dem einen oder anderen waren nötig, bis eine Wohnung gefunden wurde, mit der alle von der Größe und Lage her einverstanden waren. Ein Jahr nach dem Umzug war die Familie zufrieden mit der neuen Situation, alle hatten ihren Platz in der neuen Stadt ge-

Phasen der Konfliktlösung

funden. Der Vater war überzeugt, dass der anfängliche Mehraufwand bei der Wohnungssuche unter Beteiligung der Kinder sich gelohnt hatte. Dadurch, dass die Meinung aller beim wesentlichsten Punkt des Umzuges, nämlich bei der Wohnung, berücksichtigt wurde, wurde der Umzug zur gemeinsamen Sache. Die Anpassung an die neue Umgebung fiel dadurch allen erheblich leichter.

Man kann sich auch mit einfachen Schritten an die Lösung eines Konflikts heranmachen und muss nicht immer professionell und 100-prozentig sein wollen.

Phasen der Konfliktlösung.
Eine Kurzversion zwischen Tür und Angel

Die Lösung eines Konflikts muss nicht immer eine „Profiversion" besitzen, mit sieben Lösungsschritten am runden Tisch mit der ganzen Familie am Wochenende. Manche Situationen verlangen eine Lösung, die „zwischen Tür und Angel" erreicht wird. Die folgenden drei Schritte tun es oft genauso gut.

- Die Situation schildern, sagen, was passiert ist: „Mist ist passiert."
- Die Frage stellen: „Was machen wir nun?"
- Die Betroffenen selbst Vorschläge finden lassen oder die zwei Alternativmethoden anwenden:
NUR dann, wenn keine Vorschläge kommen, Alternativen anbieten (bei kleinen Kindern nicht mehr als zwei): „Sollen wir A machen oder B? Was meinst du? Oder fällt dir sonst noch eine Idee ein?" Hierbei sollten Sie sich und dem Kind Zeit lassen, auch wenn es nur eine halbe Minute ist, und das Kind ermutigen mitzumachen, indem Sie z. B. sagen: „Denk mit, das kannst du doch!"

Zusätzliche Hilfestellungen bei der Konfliktlösung

Andere Wege der Konfliktlösung eröffnen sich bei der Berücksichtigung der Eigenheiten des Kindes und der Einbeziehung vielfältiger Lösungsformen.

Probieren Sie andere Wege

Anstelle von immer wiederkehrenden Gebetsmühlen versuchen Sie etwas anderes. Achten Sie beispielsweise auf den ersten kleinsten Schritt des Kindes – und sei er noch so klein – und kommentieren Sie ihn anerkennend: „Schon die erste Socke am Fuß! Toll, jetzt springt garantiert die zweite auch gleich dran!"

Üben Sie sich in Gelassenheit und behalten Sie den Humor

Fragen Sie sich ab und an: „Muss ich das Missgeschick jetzt sehen oder kann ich hier mal „fünf gerade sein lassen"? So etwas ist manchmal sehr entspannend für alle.

Wenn sich z. B. das Kind morgens die Haare nicht kämmen will, bevor es in den Kindergarten geht, dass Sie dann sagen: „Na, sei es drum, wir können sie auch ausnahmsweise einmal ungekämmt sein lassen, weil heute Dienstag ist!"

Zusätzliche Hilfestellungen bei der Konfliktlösung

Bereiten Sie Ihre Kinder auf Ereignisse vor
Manchen Ärger spart man sich, wenn man mit den Kindern bevorstehende Ereignisse und Situationen vorbereitet und vorplant.
Beispiel: „Nächstes Wochenende kommen Oma, Opa und Tante Grete mit ihren Kindern zu Besuch. Wie bekommen wir das hin, damit alle zufrieden sein können und nicht alle wieder hinterher sauer sind, wie letztens?"
Oder: „Wir wollen doch Samstag zusammen einkaufen gehen. Letzte Woche gab es so einen Streit. Das sollten wir diesmal vermeiden, oder? Lasst uns mal überlegen, wie machen wir das? Sollen wir es so machen, dass du dir ein Teil aussuchen kannst und das kaufe ich dir dann, aber nur eins! Oder sollen wir es so machen, dass du schon vorher überlegst, was du haben möchtest, dann brauchen wir das nicht mehr im Geschäft zu machen?"

Denken Sie vor Ihrem Kind laut
Wenn Ihr Kind aus dem einen oder anderen Grund nicht mit Ihnen reden möchte, ist es ratsam, einfach laut zu denken.
Beispiel: „Da flog ja soeben die Schultasche durch den Flur! Kann es sein, dass da einer sauer ist?" (Keine Antwort.) „Könntest du mir eine kleine Idee geben, was los ist, damit ich dich besser verstehen kann?" (Keine Antwort.) „Was soll ich jetzt bloß tun, soll ich dich besser in Ruhe lassen oder besser noch mehr nachfragen?" (Keine Antwort.) „Ich glaube, ich lasse dich besser erst mal eine Weile in Ruhe, aber wenn du möchtest, kannst du gerne auch gleich zu mir kommen, ich bin ja da!"

Setzen Sie Hoffnung in die Zukunft
Hoffnung in die Zukunft setzen hat mit Vertrauen in unsere Erziehung und gleichfalls in unsere Kinder zu tun. Dies kann

schon in ganz einfachen Sätzen wie „Eines Tages wirst du es schon können ..." ausgedrückt werden.

Beispiel: Das Kind schmeißt seine Jacke beharrlich auf den Boden, wenn es vom Kindergarten nach Hause kommt. Alle Mahnungen und Drohungen nützen nichts: „Ich glaube, ich erwarte zur Zeit zu viel von dir. Vielleicht bist du tatsächlich noch nicht alt genug, um zu verstehen, dass du die Jacke aufhängen sollst. Aber eines Tages wirst du das schon hinkriegen. Spätestens wenn du 18 bist, hängt deine Jacke an dem Haken!"

Solche Äußerungen sollten allerdings aus Überzeugung fallen und nicht ironisch sein; sie sollen zeigen, dass erst einmal eine Kampfpause eingelegt wird.

Wechseln Sie den Blickwinkel und suchen Sie nach dem „Glück im Unglück"

Wenn „Mist" schon passiert ist und der erste Empörungssturm nachgelassen hat, kann die Suche nach dem „Glück im Unglück" und somit ein Wechsel des Blickwinkels eine kleine tröstliche Tür für ein Gespräch wieder öffnen.

In den „dummen" Handlungen der Kinder lässt sich meist auch etwas Positives auffinden. Das Entdecken auch positiver Seiten im negativen Geschehen bedeutet nicht, die Untaten des Kindes zu entschuldigen; aber die Beachtung des Mottos, dass es neben dem Schlechten auch einen Funken Gutes gibt, kann dazu beitragen, dass es zu keiner Verhärtung der Fronten zwischen Kindern bzw. Jugendlichen und Eltern kommt, und kann die Gesprächsbereitschaft aufrecht erhalten.

Beispiele: „Nur die Lenkstange von deinem Fahrrad ist kaputt; die Hauptsache ist, dir ist nichts passiert!"

„Na, Gott sei Dank ist nur ein Glas umgekippt und nicht der ganze Tisch!"

Meist lässt sich in den „dummen" Handlungen der Kinder auch etwas Positives finden.

„Die Hauptsache ist, du bist überhaupt heil zurückgekommen – wenn auch besoffen und zu spät. Das ist mir lieber als gar nicht!"

„Gott sei Dank hast du wenigstens angerufen, dass du später nach Hause kommst, ich hätte mir sonst Sorgen gemacht!"

Lassen Sie sich und Ihrem Kind Zeit
Die schlimmsten Blüten produzieren wir Eltern, wenn wir plötzlich und unvorbereitet in Situationen hineinstürzen oder hineingestürzt werden. Man kann nicht immer sofort eine Entscheidung aus dem Ärmel schütteln. Eltern dürfen sich und dem Kind Zeit geben.

Beispielsweise antworten Sie zunächst: „Ich kann mich im Moment nicht entscheiden, ich weiß nicht, was ich dazu sagen soll. Lass mir bis morgen Zeit, um darüber nachzudenken."

Oder wenn es sich um Kurzfristiges handelt: „Mami, Mami darf ich heute bei Anna pennen?", dass Sie antworten: „Lass mich erst einmal reinkommen und fünf Minuten verschnaufen. Dann überlegen wir zusammen."

Statt direkt den kürzesten Weg zu nehmen und durch Neinsagen Streit zu riskieren und die Stimmung zu verderben, kann manche Streitsituation verhindert werden, wenn Sie sich Zeit nehmen. Also denken Sie öfter an das Motto: „Wenn du es eilig hast, mach einen Umweg!"

Um späteren Streit bei kurzfristig getroffenen Entscheidungen zu vermeiden, sollte man an das Motto denken: „Wenn du es eilig hast, mach einen Umweg."

Lernen Sie die Freunde und Freundinnen Ihres Kindes kennen
Es ist ratsam, sich für die Freundinnen und Freunde der Kinder zu interessieren. Laden Sie sie ein, lernen Sie sie kennen – und nicht erst dann, wenn es Konflikte gibt. Tauchen dann zu einem späteren Zeitpunkt Probleme im oder mit dem Freundeskreis auf, ist die Problemklärung wesentlich einfacher, wenn eine gemeinsame Basis vorhanden ist.

Reden Sie mit anderen über Ihre Probleme
Reden Sie mit Ihren Angehörigen, mit anderen Eltern, mit Ihren Freunden und Freundinnen; bleiben Sie nicht alleine mit Ihren Sorgen und Bedenken. Das Reden über Erziehungsfragen und über die Kinder ist oft sehr entlastend und hilfreich. Wenn Sie den Eindruck haben, Sie kommen nicht weiter, suchen Sie Unterstützung und auch professionelle Hilfe.

Beruhigung und Trost oder: Die Kraft des lauten Denkens

Ich stand gerade unter der Dusche, die Haare voll schamponiert, als meine kleine Salli, gerade ein paar Wochen alt und frisch aus dem Krankenhaus, zu weinen anfing. Augenblicklich spürte ich, wie Panik, Druck in mir hochstieg und dann der Impuls, sofort nass triefend wie ich war herauszuspringen und zu ihr zu laufen.

Aber stattdessen fiel mir ein, dass ich ihr die Situation erklären könnte, und dies tat ich dann auch, durch die Türen rufend: „Ach, mein Kleines, jetzt bist du schon wach und ich bin gerade unter der Dusche. Ich spüle eben noch die Haare aus und komme dann direkt zu dir!"

Während ich die Haare ausspülte und grob abtrocknete, brüllte sie, und ich redete weiter mit mir und zu ihr mit tröstenden und mitfühlenden Worten: „Ich kann ja so gut verstehen, dass du sauer bist, aber das geht gerade jetzt in diesem Augenblick nicht anders. Warte nur noch eine Sekunde, nur noch ein Weilchen Geduld!" – Und siehe da, Trost und Beruhigung war das für uns beide.

Das war eines der sehr frühen Schlüsselerlebnisse für meine „Erzieherei" und brachte mir ein Aha-Erlebnis. Es war wie ein Hocker, der auf drei Beinen steht: Ich begründe mein Tun, versuche mitzufühlen und denke dabei laut. Auf diesen Hocker konnte ich mich später in vielen schwierigen Situationen stützen.

Wenn Werte aufeinander prallen oder: *Ist man irgendwann mit der Problemlösung in einer Sackgasse?*

Der „anleitende Erziehungsstil" gibt einerseits Kindern Halt und festigt andererseits die Position des Kindes als eigenständige Persönlichkeit. Das heißt für die Eltern, sie sollten sich bemühen, die Wertvorstellungen und Eigenschaften der Kinder zu verstehen, anzunehmen und zu respektieren, sollten aber auch ihre eigene Meinung klar vertreten. Keine einfache Aufgabe!

Denken wir z. B. an die zahlreichen Konflikte, die entstehen, wenn Kinder ihre „heiligen Werte" und Einstellungen, ihren persönlichen Geschmack, Kleidungsstil, ihre Lebensphilosophie und ihren Freundeskreis gegen die „Bestimmungsmacht" der Eltern verteidigen. Sollen wir Eltern etwa wortlos dastehen, wenn unser Sohn sich mit 14 Jahren vom Religionsunterricht abmeldet; wenn unsere Tochter sich mit 15 Jahren wegen ihres 19-jährigen afrikanischen Freundes die Pille verschreiben lassen will; wenn sie mit einem Dekolletee bis zum Bauchnabel in die Schule geht; wenn sich unser Sohn ein Piercing durch die Augenbrauen zieht; wenn er sich seine Haare grün färbt; wenn er die Schule schmeißt usw.?

Wortlos nicht! Wir sollen eindeutig unsere Werte und unseren Standpunkt vertreten. Aber können wir sie den Kindern mit Zwang überstülpen?

Viele Jugendliche sind nicht bereit, ihre Überzeugung zu ändern, nur weil wir Eltern es möchten. Wenn sie wissen,

Wir sollen eindeutig unsere Werte und unseren Standpunkt vertreten. Aber können wir sie den Kindern mit Zwang überstülpen?

Wie lösen wir Konflikte in der Familie?

dass ihre Eltern in ihren Bedürfnissen durch ihr Verhalten nicht behindert werden, dass sie keinen Schaden erleiden müssen, wenn sie sich z. B. ein Tattoo zulegen, wenn sie mit grünen Haaren und gelöcherten Hosen herumlaufen, dann gibt es aus ihrer Perspektive hier auch gar kein Problem. Die Eltern drehen ihrer Meinung nach umsonst durch!

Die Jugendlichen stehen auf dem Standpunkt, ihre Einstellungen gehen die Eltern nichts an. Sie rebellieren gegen die Versuche der Eltern, sie in „Erwachsenenform" zu pressen. Der Widerstand ist umso stärker, je mehr die Erwachsenen versuchen, die Jugendlichen zu zwingen. Ihre Haltung ist hier oft unnachgiebig, so wie es seit Generationen gewesen ist.

Und bitter kann das Ergebnis aus dem Krieg der Überzeugungen sein, wenn es durch Macht herbeigeführt wird. Wenn Eltern nur auf ihrer Macht und ihrem Zwang beharren, sind Jugendliche oft sogar bereit, einen Beziehungsbruch in Kauf zu nehmen.

Wenn Jugendliche erkennen, dass sie andere mit ihren eigenen Wertvorstellungen spürbar beeinträchtigen, dann sind sie zumeist auch bereit, die Bedürfnisse des anderen zu respektieren.

Bei der Kollision von Wertvorstellungen müssen wir Eltern uns manchmal zähneknirschend eingestehen, dass wir den Konflikt zwischen uns und unserem jugendlichen Kind nicht in unserem Sinne lösen können; in dem Augenblick nutzen unser Vorbild, unsere Argumente, unsere Vernunft oder Erfahrung rein gar nichts.

Zum Beispiel ist unser Argument, wir würden uns Sorgen machen, zwar nicht unbedeutsam und wird wertgeschätzt, aber es veranlasst einen Jugendlichen noch lange nicht dazu, sein Verhalten zu ändern. Dieser macht sich eben selbst keine Sorgen, und die Sorgen der Eltern hält er für völlig überflüssig, unnötig und lästig.

Das heißt aber nicht, dass Kinder und Jugendliche sich grundsätzlich weigern, am Prozess einer Problemlösung teilzunehmen. Wenn sie wissen, dass ihr Verhalten das Leben anderer spürbar beeinträchtigt, sind sie in der Regel auch bereit, die Bedürfnisse von anderen zu respektieren. Dies umso mehr, wenn sie wissen, dass ihre Bedürfnisse und Wünsche Berücksichtigung bei den Eltern finden und gefunden haben.

Sie sind jedoch kaum bereit zu verhandeln, wenn sie erkennen, dass ihr Verhalten dem anderen konkret und spürbar nicht schadet und sie ihre Überzeugung lediglich aus Gefälligkeit den Eltern gegenüber aufopfern sollen. Alle Ich-Botschaften dieser Welt, wie wunderschön auch immer formuliert, würden hier nichts nützen!

Wir Eltern brauchen viel Mut, wenn wir den Versuch machen, Veränderbares zu verändern, viel Gelassenheit, um zu akzeptieren, was nicht zu verändern ist, und viel Weisheit, um den Unterschied zwischen beidem zu erkennen.

Wichtiger Hinweis

Wir Eltern sollten abwägen, ob die Durchsetzung unserer Wertvorstellungen uns so wichtig ist, auch wenn wir damit die Beziehung zu unseren Kindern auf Dauer gefährden können.

Außerdem nehmen Kinder von uns Erwachsenen eher Werte an, wenn die Beziehung gut ist; wenn sie uns mögen und respektieren; wenn wir nicht nur predigen, sondern dasjenige auch praktizieren; wenn wir mit ihnen reden, uns mit ihnen auseinander setzen und unsere Meinung begründen.

Dabei ist es ratsam,
- lieber mitzuteilen als zu predigen;
- lieber anzubieten als aufzudrängen;
- lieber vorzuschlagen als zu verlangen.

Grenzen setzen

In vielen Situationen ist es erforderlich, Grenzen zu setzen.

Beim anleitenden Erziehungsstil geht es nicht darum, dass jeder machen kann, was er will – ohne Rücksicht auf andere! In vielen Situationen ist es erforderlich, Grenzen zu setzen durch Bestimmtheit, durch Neinsagen oder gegebenenfalls durch einen kräftigen Faustschlag auf den Tisch, z. B. wenn es darum geht,
- Gefahren für das Kind abzuwenden,
- Vereinbarungen einzuhalten,
- die Würde des anderen zu achten.

Respekt zeigen und Nein sagen

So wie wir Eltern die Kinder mit Respekt und Rücksichtnahme behandeln, können wir auch erwarten und fordern, dass sie uns und den anderen gegenüber das Gleiche tun.

Die Achtung der Würde des anderen und das Bestreben um Verständnis sollten ein Fundament unserer Erziehung sein. Dies unseren Kindern zu vermitteln, ist ein ganz wesentlicher Erziehungsauftrag. Das bedeutet, dass wir Eltern Sorge dafür zu tragen haben, dass die Kinder – so wie wir sie mit Respekt und Rücksichtnahme behandeln – auch uns und den anderen gegenüber sich so verhalten; das können wir erwarten, das dürfen wir von ihnen fordern.

Wir Eltern lassen uns manchmal von unseren Kindern respektlos behandeln; sie tanzen uns, wie man sagt, auf der Nase herum, kommandieren uns herum oder nutzen uns gerne als ihr Dienstpersonal.

Die eigene Unsicherheit lähmt manche Eltern. Man gibt auf, lässt alles laufen und tut so, als ob es einem egal wäre und alles nicht so wichtig sei.

Und doch ist es nicht egal! Es ist notwendig, dass wir Eltern den Mund aufmachen und dagegen protestieren, hier eine Grenze setzen. Nein sagen, Ich-Botschaften und klare Aussagen und Begründungen gehören dazu, um uns nicht auf Dauer respektlos behandeln zu lassen.

Beispiel 1
Ihr Kind sagt zu Ihnen: „Du bist ein Idiot. Du verstehst aber auch gar nichts!"
  Eine mögliche Reaktion: „Ich möchte nicht, dass du mich als Idioten beschimpfst, auch wenn du sauer bist! Das geht nicht, das verletzt mich! ... Komm, erzähl mir lieber, was ich nicht verstehe."

Beispiel 2
Sie sind beim Zahnarzt mit Ihrem Sohn. Er ist mürrisch, sagt weder „Guten Tag" noch „Danke". Sie ärgern sich.
  Eine mögliche Reaktion: „Was war denn da los? – Kein ‚Guten Tag', kein ‚Auf Wiedersehen'? Solche Unfreundlichkeit finde ich nicht in Ordnung!"
  Sagen Sie ihm das aber erst nach Verlassen der Praxis.

Beispiel 3
Sie haben stundenlang gekocht. Ihre Tochter sagt: „Das Essen schmeckt nicht. So ein Fraß! Was hast du da wieder gekocht! Yääk!"
  Eine mögliche Reaktion: „Ein bisschen mehr Respekt für meine Kochleistung, bitte schön, und nicht solche Kommentare. Du kannst sagen: Nein danke, ich möchte keinen Broccoli oder ich möchte nicht so viel essen, aber kein YÄÄK!"

Ihr Protest gegen schlechte Behandlung ist ein Akt von Selbstachtung und Selbstrespekt: So nicht mit mir! Zudem lernen Ihre Kinder durch Ihr Vorbild, dass man sich auch mit Worten wehren kann, dass man sich nicht alles gefallen lassen muss.

Wie lösen wir Konflikte in der Familie?

> **Wichtiger Hinweis**
> Bestimmtheit erfordert klare, kurze Aussagen und Begründungen. Manchmal muss man sogar seine Worte mit einem Faustschlag auf den Tisch unterstreichen.
> Sagen Sie Ihrem Kind kurz, knapp und mit Begründung: „Das ist nicht in Ordnung. Das geht nicht. Ich möchte keine Beleidigungen hören, keine Tritte, keine Schläge. Ich trete dich auch nicht, schlage dich auch nicht. Ich sage nicht Idiot zu dir, also will ich das von dir auch nicht hören! Schluss jetzt!"
> Das bedeutet nicht, dass das Kind dann automatisch gehorcht. Es zeigt ihm aber, dass Sie Ihren Standpunkt deutlich machen und vertreten.

> MOTTO:
> Verzichten Sie auf Macht, und Sie gewinnen an Einfluss!

Strafen

Kinder sind bereit, ihr Verhalten auch ohne Bestrafungen zu verändern, wenn die Eltern fair und respektvoll mit ihnen umgehen.

Wir Eltern sollten uns darüber Gedanken machen, ob wir mit Macht, die kontrollierend, korrigierend, bestimmend und bestrafend ist, erziehen oder ob wir eine annehmende, ermutigende, anerkennende, fördernde Erziehungshaltung anstreben, die auch die Selbstverantwortung, Selbstdisziplin und Mitbestimmung der Kinder stärkt.

Immer noch taucht hier und da die Meinung auf, dass man Kinder zwingen und bestrafen müsse, damit aus ihnen selbstdisziplinierte, verantwortungsbewusste Menschen werden. Es ist aber zu befürchten, dass spätestens im jugendlichen Alter diesen Kindern die innere Kontrolle, Selbstdisziplin und Selbstverantwortung fehlen werden, weil sie diese Fähigkeiten nie einüben und somit nicht lernen konnten.

Kinder sind bereit, ihr Verhalten zu verändern – auch ohne Bestrafungen –, wenn sie erleben, dass das Verhalten der Eltern ihnen gegenüber fair und von respektvollem Umgang miteinander gekennzeichnet ist.

Die selbstbewusste Kindergeneration von heute akzeptiert immer weniger auferlegte Verbote und Bestrafungen. Verbote, die für sie nicht einsichtig sind, erzeugen Widerstand, Ungehorsam, Wutausbrüche, Rachegelüste und Trotz. Vielmehr brauchen Kinder von uns Erwachsenen Informationen und vernünftige Begründungen, um selbst ihr Verhalten überprüfen zu können; das können und wollen sie auch, denn unsere Kinder sind ja nicht doof.

Sicherlich können Eltern durch Bestrafung punktuell und für kurze Zeit Gehorsam und Erfolge erreichen, aber oft ist der Preis dafür, dass die Kinder ein feindseliges Verhalten zeigen. Außerdem hält die Wirkung oft nur so lange an, wie die Kontrolle da ist. Danach wird wieder „Kinderkram" bis auf Teufel komm raus gemacht!

Die strafende, bestimmende Haltung der Eltern bewirkt zudem häufig, dass die Kinder anfangen zu lügen, um sich Strafen und Predigten zu ersparen; sie kann zudem dazu führen, dass Kinder den Eltern nichts mehr erzählen von dem, was sie erleben, fühlen und denken. Der vertrauensvolle Kontakt zwischen Eltern und Kindern findet ein Ende.

Mögliche Folgen einer bestimmenden und strafenden Erziehungshaltung

Gewalt erzeugt Gegengewalt

Wer mit Schlägen und Strafen „erzogen" wird, wird höchstwahrscheinlich selbst mit Gewalt auf andere reagieren. Schon Grundschüler, die durch ihre Eltern lernen, dass Schläge ein

Wie lösen wir Konflikte in der Familie?

passendes Mittel sind, um Konflikte zu lösen, neigen dazu, auch ihre Kameraden zu hauen. Dadurch bekommen sie Ärger in der Schule und gelten als aggressiv. Die Eltern wollen mit ihren Schlägen Druck auf die Kinder ausüben, sodass sie friedlich sind, was hingegen beim Kind zusätzliche Aggressivität erzeugt. So entstehen häufig Kreisläufe von gewalttätigen Entwicklungen, die möglichst früh erkannt und beendet werden sollten.

Spätestens bei Jugendlichen muss man sich in Acht nehmen, sie hauen zurück!

Strafe schafft Distanz

Manche Eltern meinen, sie könnten mit Schlägen und Strafen ihre Kinder in positiver Hinsicht beeinflussen. Lassen sich aber so Konflikte zufriedenstellend lösen?

Jugendliche, die früh von zu Hause weggehen wollen, kommen häufig aus Familien, in denen ihrer Meinung nach zu oft und zu Unrecht bestraft wird, wo Anerkennung, Verständnis und Akzeptanz fehlen.

Die Kinder werden mürrisch, isolieren sich, brechen die Kommunikation ab. Sie sind nicht mehr bereit, von sich aus etwas für die Eltern zu tun. Diese Kinder wollen nicht mehr zu Hause sein.

Manche Eltern werfen aber auch ihr Kind aus dem Haus mit der Begründung, es sei rebellisch, unkorrigierbar und unmöglich. Gehorsamkeit hat bei diesen Eltern einen so hohen Wert, dass sie sogar den Abbruch der Beziehung zu ihrem Kind dafür riskieren.

Strafe schwächt die Kinder

Eine grundsätzlich strafende, misstrauische Haltung Kindern gegenüber macht das Leben für alle Beteiligten unerfreulich und bremst die seelische und geistige Weiterentwicklung nicht nur der Kinder, sondern auch von uns Eltern.

Sie bringt keine glücklichen Familienbeziehungen hervor, weder starke Kinder noch starke Eltern.

Mut, Gelassenheit und Humor oder: Was kann helfen?
Damit unsere Kinder unsere Wertvorstellungen teilen, unsere Erfahrung für sich selbst nutzbar machen und unsere „Weisheit" weiter entwickeln können, müssen sie uns mögen und respektieren. Stark zu werden als Eltern und die Kinder in ebensolcher Weise zu fördern ist eine Herausforderung, die die ganze Erziehungszeit hindurch besteht. Und dies schaffen wir nur, wenn wir den Mut haben, uns unsere Schwächen einzugestehen, unsere Unsicherheiten anzunehmen, Hilfe zu suchen, und wenn wir unsere Kinder an dem ganzen Prozess beteiligen.

Wie sagt doch das alte Sprichwort: „Aus den Fehlern wird man klug, drum ist einer nicht genug!"

Unser gemeinsamer Weg in Richtung auf Verstehen, Rücksichtnahme, Selbstständigkeit, Kreativität und Leistung wird gelegentlich von Mühsal begleitet sein. Umso wichtiger ist es, dass wir Gelassenheit und Humor, Spaß und Freude ganz bewusst pflegen.

Ich hoffe, dieses Buch hat Ihnen Mut gemacht, die manchmal sehr schwierige Aufgabe der Kindererziehung zu bewältigen, und hat Ihnen die eine oder andere hilfreiche Anregung für Ihren Weg als Eltern geben können. Vielleicht fühlen Sie sich auch ermuntert zum Austausch in den Elternkursen. Ich wünsche sehr, dass Sie – zumindest gelegentlich – empfunden haben, Ihre Familie ist eine von starken Eltern mit starken Kindern!

Anhang

Übereinkommen über die Rechte des Kindes (UN-Kinderrechtskonvention)

Teil I, Artikel 12–17
(Wortlaut der amtlichen Übersetzung)

Artikel 12 [Berücksichtigung des Kindeswillens]
(1) Die Vertragsstaaten sichern dem Kind, das fähig ist, sich eine eigene Meinung zu bilden, das Recht zu, diese Meinung in allen das Kind berührenden Angelegenheiten frei zu äußern, und berücksichtigen die Meinung des Kindes angemessen und entsprechend seinem Alter und seiner Reife.
(2) Zu diesem Zweck wird dem Kind insbesondere Gelegenheit gegeben, in allen das Kind berührenden Gerichts- oder Verwaltungsverfahren entweder unmittelbar oder durch einen Vertreter oder eine geeignete Stelle im Einklang mit den innerstaatlichen Verfahrensvorschriften gehört zu werden.

Artikel 13 [Meinungs- und Informationsfreiheit]
(1) Das Kind hat das Recht auf freie Meinungsäußerung; dieses Recht schließt die Freiheit ein, ungeachtet der Staatsgrenzen Informationen und Gedankengut jeder Art in Wort, Schrift oder Druck, durch Kunstwerke oder andere vom Kind gewählte Mittel sich zu beschaffen, zu empfangen und weiterzugeben.
(2) Die Ausübung dieses Rechts kann bestimmten, gesetzlich vorgesehenen Einschränkungen unterworfen werden, die erforderlich sind
a) für die Achtung der Rechte oder des Rufes anderer oder
b) für den Schutz der nationalen Sicherheit, der öffentlichen Ordnung (ordre public), der Volksgesundheit oder der öffentlichen Sittlichkeit.

Artikel 14 [Gedanken-, Gewissens- und Religionsfreiheit]
(1) Die Vertragsstaaten achten das Recht des Kindes auf Gedanken-, Gewissens- und Religionsfreiheit.

(2) Die Vertragsstaaten achten die Rechte und Pflichten der Eltern und gegebenenfalls des Vormunds, das Kind bei der Ausübung dieses Rechts in einer seiner Entwicklung entsprechenden Weise zu leiten.
(3) Die Freiheit, seine Religion oder Weltanschauung zu bekunden, darf nur den gesetzlich vorgesehenen Einschränkungen unterworfen werden, die zum Schutz der öffentlichen Sicherheit, Ordnung, Gesundheit oder Sittlichkeit oder der Grundrechte und -freiheiten anderer erforderlich sind.

Artikel 15 [Vereinigungs- und Versammlungsfreiheit]
(1) Die Vertragsstaaten erkennen das Recht des Kindes an, sich frei mit anderen zusammenzuschließen und sich friedlich zu versammeln.
(2) Die Ausübung dieses Rechts darf keinen anderen als den gesetzlich vorgesehenen Einschränkungen unterworfen werden, die in einer demokratischen Gesellschaft im Interesse der nationalen oder der öffentlichen Ordnung (ordre public), zum Schutz der Volksgesundheit oder der öffentlichen Sittlichkeit oder zum Schutz der Rechte und Freiheiten anderer notwendig sind.

Artikel 16 [Schutz der Privatsphäre und Ehre]
(1) Kein Kind darf willkürlichen oder rechtswidrigen Eingriffen in Privatleben, seine Familie, seine Wohnung oder seinen Schriftverkehr oder rechtswidrigen Beeinträchtigungen seiner Ehre und seines Rufes ausgesetzt werden.
(2) Das Kind hat Anspruch auf rechtlichen Schutz gegen solche Eingriffe oder Beeinträchtigungen.

Artikel 17 [Zugang zu den Medien;
Kinder- und Jugendschutz]

Die Vertragsstaaten erkennen die wichtige Rolle der Massenmedien an und stellen sicher, dass das Kind Zugang hat zu Informationen und Material aus einer Vielfalt nationaler und internationaler Quellen, insbesondere derjenigen, welche die Förderung seines sozialen, seelischen und sittlichen Wohlergehens sowie seiner körperlichen und geistigen Gesundheit zum Ziel haben. Zu diesem Zweck werden die Vertragsstaaten

a) die Massenmedien ermutigen, Informationen und Material zu verbreiten, die für das Kind von sozialem und kulturellem Nutzen sind und dem Geist des Artikels 29 entsprechen;
b) die internationale Zusammenarbeit bei der Herstellung, beim Austausch und bei der Verbreitung dieser Informationen und dieses Materials aus einer Vielfalt nationaler und internationaler kultureller Quellen fördern;
c) die Herstellung und Verbreitung von Kinderbüchern fördern;
d) die Massenmedien ermutigen, den sprachlichen Bedürfnissen eines Kindes, das einer Minderheit angehört oder Ureinwohner ist, besonders Rechnung zu tragen;
e) die Erarbeitung geeigneter Richtlinien zum Schutz des Kindes vor Informationen und Material, die sein Wohlergehen beeinträchtigen, fördern, wobei die Artikel 13 und 18 zu berücksichtigen sind.

Der vollständige Text ist als Publikation des Bundesministeriums für Familie, Senioren, Frauen und Jugend erschienen und ist auch als pdf-Datei über www.bmfsfj.de erhältlich.

Adressen, die weiterhelfen

Elterntelefon

Tel.: 0800-111 0 550
Montag und Mittwoch 9.00 Uhr bis 11.00 Uhr
Dienstag und Donnerstag 17.00 Uhr bis 19.00 Uhr

Sich aussprechen, vertraulich, anonym, kostenlos in ganz Deutschland zu erreichen.

Sie können sich an das Elterntelefon wenden, wenn Sie jemanden brauchen, mit dem Sie in Ruhe reden möchten, wenn Ihnen die Entwicklung Ihrer Kinder Sorge bereitet oder wenn Sie sich in der Erziehung unsicher fühlen oder gar verzweifelt sind. Sie können hierüber auch Informationen über weitere Hilfsangebote erhalten.

Adressen des Bundesverbandes und der Landesverbände des Deutschen Kinderschutzbundes (DKSB)

Bundesverband

Deutscher Kinderschutzbund Bundesverband e.V., Bundesgeschäftsstelle, Schiffgraben 29, 30159 Hannover, Tel.: 0511/30 485-0, Fax: 0511/30 485-49 www.kinderschutzbund.de, E-Mail: info@dksb.de

LV Baden-Württemberg, Geschäftsstelle, Haußmannstr. 6, 70188 Stuttgart, Tel.: 0711/24 28 18, Fax: 0711/236 15 13, E-Mail: dksbbw@aol.com
LV Bayern, Geschäftsstelle, Arabellastr. 1, 81925 München, Tel.: 089/271 79 90, Fax: 089/271 64 36, E-Mail: DKSB.LV.Bayern@t-online.de
LV Berlin, Geschäftsstelle, Malplaquetstr. 38, 13347 Berlin, Tel.: 030/45 80 29 31, Fax: 030/45 80 29 32, E-Mail: info@kinderschutzbund-berlin.de
LV Brandenburg, c/o OV Cottbus, Sielower Str. 10, 03044 Cottbus, Tel./Fax: 0355/430 47 40, E-Mail: kinderschutzbund.cottbus@web.de
LV Bremen, Geschäftsstelle, Humboldtstr. 179, 28203 Bremen, Tel.: 0421/70 00 37/38, Fax: 0421/70 46 79, E-Mail: kinderschutzzentrum.bremen@t-online.de

LV Hamburg, Geschäftsstelle, Fruchtallee 15, 20259 Hamburg, Tel.: 040/43 29 27-0, Fax: 040/43 29 27-47, E-Mail: info@kinderschutzbund-hamburg.de
LV Hessen, Geschäftsstelle, Gebrüder-Lang-Str. 7, 61169 Friedberg, Tel.: 06031/1 87 33, Fax: 06031/72 26 49, E-Mail: kinderschutzbund.lv-hessen@t-online.de
LV Mecklenburg-Vorpommern, Geschäftsstelle, Arsenalstr. 2, 19053 Schwerin, Tel.: 0385/590 76 19/20, Fax: 0385/590 76 12
LV Niedersachsen, Geschäftsstelle, Schwarzer Bär 8, 30449 Hannover, Tel.: 0511/44 40 75, Fax: 0511/44 40 77, E-Mail: dksblvnds@aol.com
LV Nordrhein-Westfalen, Geschäftsstelle, Domagkweg 20, 42109 Wuppertal, Tel.: 0202/75 44 64/66, Fax: 0202/75 53 54, E-Mail: dksb.nrw@wtal.de
LV Rheinland-Pfalz, Geschäftsstelle, Ostbahnstr. 4, 76829 Landau, Tel.: 06341/8 88 00, Fax: 06341/8 93 61, E-Mail: Kinderschutzbund@abo.ron.de
LV Saarland, Geschäftsstelle, Steinbacherstr. 8, 66904 Börsborn, Tel.: 06841/16 42 35, Fax: 06841/16 43 33, E-Mail: negdee@med.rz.uni-saarland.de
LV Sachsen, Geschäftsstelle, Klopstockstr. 50, 01157 Dresden, Tel.: 0351/441 61 87, Fax: 0351/441 61 88, E-Mail: dksb.lv.sachsen@t-online.de
LV Sachsen-Anhalt, Geschäftsstelle, Gerhart-Hauptmann-Str. 34, 39108 Magdeburg, Tel.: 0391/734 73 93, Fax: 0391/734 73 94, E-Mail: dksb.lsa@t-online.de
LV Schleswig-Holstein, Geschäftsstelle, Beselerallee 44, 24105 Kiel, Tel.: 0431/80 52 49, Fax: 0431/8 26 14, E-Mail: info@kinderschutzbund-sh.de
LV Thüringen, c/o Prof. Dr. Ronald Lutz, Fachhochschule Erfurt, Sozialwesen, Altonaer Str. 25, 99085 Erfurt, Tel.: 0361/670 05 10, Fax: 0361/670 05 33 E-Mail: lutz@soz.fh-erfurt.de

Adressen der Kinderschutzzentren

Ärztliche Beratungsstelle gegen Vernachlässigung und Misshandlung von Kindern e. V., Kreuzstr. 24, 44139 Dortmund, Tel.: 0231/130 09 81, Fax: 0231/10 34 64
Kinderschutzberatungsstelle für Kinder, Jugendliche und Eltern, DKSB OV Aachen e. V., Kirberichshofer Weg 27–29, 52066 Aachen, Tel.: 0241/94 99 4-0, Fax: 0241/94 99 4-13, E-Mail: kinderschutzbund-aachen@t-online-de
Die Kinderschutz-Zentren, Spichernstr. 55, 50672 Köln, Tel.: 0221/56 97 5-3, Fax: 0221/56 97 5-30, E-Mail: die@kinderschutz-zentren.org

Adressen, die weiterhelfen

Kinderschutz-Zentrum Berlin, Karl-Marx-Str. 262, 12057 Berlin, Tel.: 030/68 39 11-0, Fax: 030/68 39 11-22/-34, E-Mail: kszbln2hsh@aol.com
Freienwalder Str. 20, 13055 Berlin, Tel.: 030/971 17 17, Fax: 030/ 97 10 62 06 E-Mail: kszbln2hsh@aol.com
Kinderschutz-Zentrum Bremen, Humboldtstr. 179, 28203 Bremen, Tel.: 0421/70 00 37, Fax: 0421/70 46 79, E-Mail: kinderschutzzentrum.bremen@t-online.de
Kinder- und Jugendschutz-Zentrum Erfurt, Goethestr. 60, 99096 Erfurt, Tel.: 0361/562 62 46, Fax: 0361/562 62 61, E-Mail: kjsz@kjnt.de
Kinderschutz-Zentrum Gütersloh, Marienfelderstr. 4, 33330 Gütersloh, Tel.: 05241/1 49 99, Fax: 05241/1 49 98, E-Mail: SPFH@freenet.de
Kinderschutz-Zentrum Göppingen, Marktstr. 52, 73033 Göppingen, Tel.: 07161/96 94 94, Fax: 07161/96 94 95
Kinderschutz-Zentrum Hamburg, Emilienstr. 78, 20259 Hamburg, Tel.: 040/491 00 07, Fax: 040/491 16 91, E-Mail: Kinderschutz-Zentrum@hamburg.de
Kinderschutz-Zentrum Hamburg-Harburg, Eißendorfer Pferdeweg 40a, 21075 Hamburg-Harburg, Tel.: 040/79 01 04-0, Fax: 040/79 01 04-99, E-Mail: mailto:Kinderschutzzentrum-Harburg@hamburg.de
Kinderschutz-Zentrum Hannover, Schwarzer Bär 8, 30449 Hannover, Tel.: 0511/92 40 02 00, E-Mail: hannover@kinderschutzzentrum.de www.kinderschutzzentrum.de
Kinderschutz-Zentrum Heidelberg, Adlerstr. 1, 69123 Heidelberg, Tel.: 06221/739 21-32, Fax: 06221/739 21-50
Kinderschutz-Zentrum Kiel, Zastrowstr. 12, 24114 Kiel, Tel.: 0431/12 21 80, Fax: 0431/1 68 88, E-Mail: Kinderschutz_Zentren_kiel@gmx.de
Kinderschutz-Zentrum Köln, Spichernstr. 55, 50672 Köln, Tel.: 0221/577 77-0, Fax: 0221/577 77-11, E-Mail: Kinderschutzzentrum@kinderschutzbund-koeln.de
Kinderschutz-Zentrum Leipzig, Brandvorwerkstr. 80, 04275 Leipzig, Tel.: 0341/960 28 37, Fax: 0341/960 28 38, E-Mail: KSZ04275@telda.net
Kinderschutz-Zentrum Lübeck, An der Untertrave 77, 23552 Lübeck, Tel.: 0451/7 88 81, Fax: 0451/7 22 95, E-Mail: kiz-luebeck@freenet.de
Kinderschutz-Zentrum Mainz, Lessingstr. 25, 55118 Mainz, Tel.: 06131/61 37 37, Fax: 06131/67 05 04, E-Mail: kszmainz@aol.com

Kinderschutz-Zentrum München, Pettenkoferstr. 10a, 80336 München, Tel.: 089/55 53 56, Fax: 089/55 03 699, E-Mail: kinderschutzzentrum@link-m.de

Kinderschutz-Zentrum Oldenburg, Vertrauenstelle Benjamin, Friederikenstr. 3, 26135 Oldenburg, Tel.: 0441/1 77 88, Fax: 0441/248 98 00, E-Mail: KSZ-VB@nwn.de

Kinderschutz-Zentrum Saarbrücken, Rosenstr. 13, 66111 Saarbrücken, Tel.: 0681/6 91 91, Fax: 0681/63 54 40, E-Mail: Kinderschutzzentrum.Saarbrücken@gisa-wnd.de

Kinderschutz-Zentrum Stuttgart, Pfarrstr. 11, 70182 Stuttgart, Tel.: 0711/23 89 0-0, Fax: 0711/23 89 0-18

Kinder- und Jugendschutzdienst „Allerleirauh", Bahnhofstr. 17, 98527 Suhl, Tel.: 03681/30 99 90, Fax: 03681/30 99 88, E-Mail: KJSD.Suhl@t-online.de www.kjnt.de/allerleirauh/frame.html

Kinderschutz-Zentrum Westküste, Theodor-Storm-Str. 7, 25813 Husum, Tel.: 04841/69 14 50, Fax: 04841/69 14 59, E-Mail: Kinderschutz-ze@diakonisches-werk-husum.de